U0615997

跟石佛学围棋

布局基础

李昌镐 ● 著

陈 启 ○ 译

时代 成都时代出版社
CHENGDU TIMES PRESS

图书在版编目(CIP)数据

跟石佛学围棋. 布局基础/(韩)李昌镐著;陈启译.
—成都:成都时代出版社,2016. 6
ISBN 978 - 7 - 5464 - 1665 - 6

Ⅰ. ①跟… Ⅱ. ①李… ②陈… Ⅲ. ①围棋 - 布局
(棋类运动) - 基本知识 Ⅳ. ①G891. 3

中国版本图书馆 CIP 数据核字(2016)第 134346 号

四川省版权局　著作权合同登记章　图进字 21 - 2016 - 11 号

跟石佛学围棋　布局基础
GEN SHIFO XUE WEIQI BUJU JICHU

李昌镐　著　　陈 启　译

出 品 人　石碧川
策划编辑　黄　晓
责任编辑　曾绍东
责任校对　黄静怡
封面设计　冯永革
版式设计　华彩文化
责任印制　干燕飞
出版发行　成都时代出版社
电　　话　(028)86618667(编辑部)　(028)86615250(发行部)
网　　址　www. chengdusd. com
印　　刷　四川五洲彩印有限责任公司
规　　格　165 mm×230 mm
印　　张　14. 25
字　　数　195 千字
版　　次　2016 年 6 月第 1 版
印　　次　2016 年 6 月第 1 次印刷
印　　数　5000 册
书　　号　ISBN 978 - 7 - 5464 - 1665 - 6
定　　价　25. 00 元

著作权所有·违者必究。
本书若出现印装质量问题,请与工厂联系。电话:(028)85011398

前　言

布局是围棋中打基础的过程，好比我们在盖房子时，必须将地基打牢，高楼才能屹立不倒。围棋也同样如此，初盘的设计如果不好，结果肯定不会好。

"中盘战决定棋局的胜负，初盘的布局对胜负只有一定的影响……"这是大多数下棋的人持有的观点，实际这是认识上的误区。导致出现这一现象的原因是小孩子们刚开始学习围棋时，由于兴趣关系，往往过于热衷于局部的战斗，忽略了基础知识的学习，而没有系统掌握围棋的理论。不过，通过学习大家会发现布局是围棋中最具科学性、最讲究公平合理的一个环节。

本书主要适合初级水平的围棋受好者学习使用。

第 1 章的主要内容是围棋布局的基础，从棋子的效率讲到全盘布局的基础事项。第 2 章简略介绍了与布局密切相关的定式。第 3 章介绍了下好布局的 12 条守则，并结合实战案例进行了讲解。第 4 章是解题测试单元，目的是培养大家的布局能力。最后的第 5 章收录了 10 型典型布局，目的是帮助大家增强布局的感觉。

希望大家通过学习本书，彻底摆脱围棋生手的窘境，下出精彩的布局。最后对为本书出版付出辛勤劳动的各方人士表示诚挚的感谢。

李昌镐

目　录

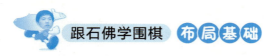

第  章

布局的基本事项

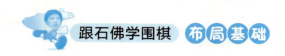

1. 什么是布局

　　"布局"就是指一局棋开始阶段布置棋子；而另一个含义是"对事物的结构、格局进行全面安排"，这才是布局的正确定义。引用至围棋中，布局即是"对一盘棋的企划和构想，以及将其付诸实施的过程"。

　　任何事情，从一开始如果没有计划性，只是盲目进行，那么肯定不会有好结果。同样如此，围棋的布局如果进行得不好，就不可能下出漂亮的棋来。

　　令人遗憾的是大多数下棋的人忽视布局的重要性，认为围棋的胜负是由中盘战斗决定的，布局阶段只要说得过去就行了，实际上这是很大的错误，是未能正确理解布局概念的无知表现。

　　因此，首先要正确理解布局的概念，并以此为起点，开始进行布局。

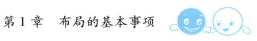

图 1 忽视布局的结果

下图是黑棋忽视布局，最终形成苦战的场面。

即：黑棋的进行显得杂乱无章，虽然也有类似黑 5、7、11 下在边上的情况，但白棋的进行却很有章法，如白 6 缔角、白 8 和白 16 拆边、白 10 扩张、白 12 挂角等效率很高的下法。

双方的结果优劣如何？

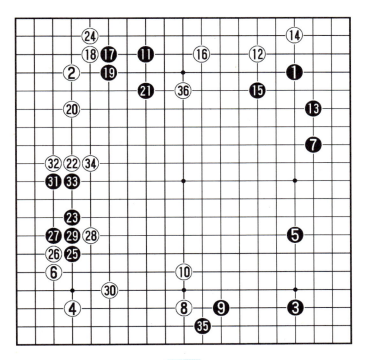

图 1

图2 图1的结果

双方进行了仅仅30余手，白棋棋形坚实，相反黑棋没有一处完整的棋。

通过双方的棋形比较：白棋的左上角有25目，左下角和下边一带有20目，上边5目以上，合计达50余目；而黑棋的右边一带还有A、B、C等处弱点，最多也就20目，右上角在三三D位漏风，很难成目。

左上的黑■和左边的黑●均是浮棋，以后黑棋难免苦战。

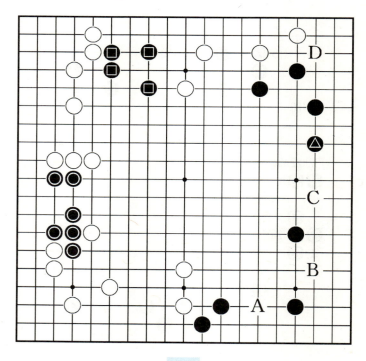

图2

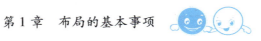

好布局、坏布局

布局过程中最应注意的事项即是：第一要有综观全局、发现大场的大局观；第二要维持实地与外势的均衡；第三要追求棋子效率的最大化。

图 3　偏重局部—坏布局

下出好棋并不一定布局就好。图中下至黑 17，布局告一段落时，白棋的所有进行中没有一手棋是恶手，从白 6 开始至白 16，白棋的进行就局部来说全是好棋，但由于白棋的布局过于偏重局部，导致全局形势大大落后。

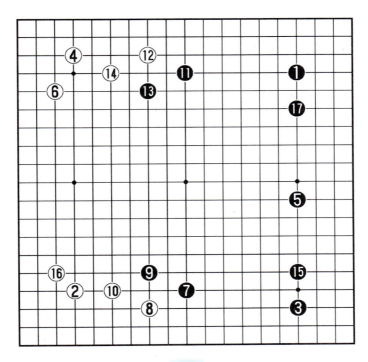

图 3

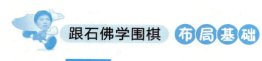
图 4　要有综观全局的视野

图 3 中的白 8，下成本图中的白 8 拆边比较好，这手棋是牵制右边黑棋发展的大势点。以下进行至白 14，白棋的布局十分出色。

在布局阶段，一手棋的价值少则十多目，多则数十目，如果在此阶段错失几个大势点，就好像大龙被吃一样，损失很大。

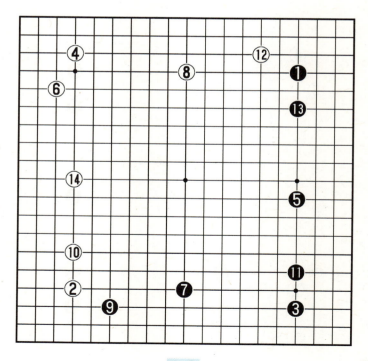

图 4

布局的次序

占角→缔角或挂角→拆边→扩张→防守，这就是布局的进行次序，并不要求所有的布局均要这样下，但如果用图标示出来，布局的次序就是这样的。

图 5 布局示范

本图是一位业余棋手的实战棋谱，黑 5 缔角，白 6 挂角，黑 7 以下进行至黑 11 是定式的进行过程。白 12 回过来缔角，黑 13 拆边，白 16 拆边，然后黑 19 中腹出头，布局结束。

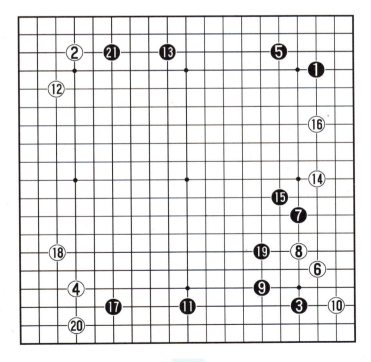

图 5

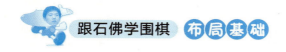
实地与外势

外势可以转化成实实在在的实地，有时虽不能立即确定，但具有将来成为实地的潜在价值和发展潜力巨大的棋形。

图 6　黑棋外势与白棋实地

图中左右两图是从黑白双方定式中演变的棋形，白棋在角地已围成了十分坚实的实地，而黑棋的外势虽不确定，但在中腹和边地具备成为实地的相当大的可能性。

现在形势到底是黑好，还是白好，要根据周边棋子的配置情况确定，局部来说，双方不分伯仲。

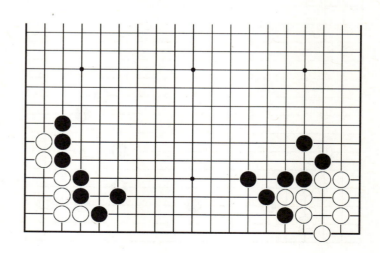

图6

图 7　实地线与势力线

　　图中黑⬤位处四路，白⚪位处三路，黑棋位置较高，黑 1 镇，有利于黑棋构筑外势。白⚪的位置相对较低，白 2 飞后，白棋可以抢占对方的实地，并增加自己的实地。因此四路有"势力线"之称，三路有"实地线"之称。

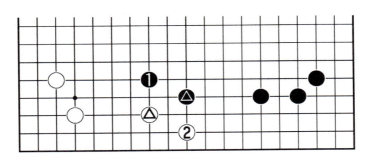

图 7

图 8　外势的攻击性特征

　　黑 1 在四路封挡，让白棋在边路得实地，目的是构筑外势。下至白 4，白棋在边路取得了不小的实地。而黑棋则以外势为后援，于黑 5 封，强攻白△。

　　由于难以从黑棋的势力范围内逃脱，白棋无奈只好牺牲一子，于白 6 利用先手扩充实地。由此可见外势在攻击对方时可以发挥很大的威力。

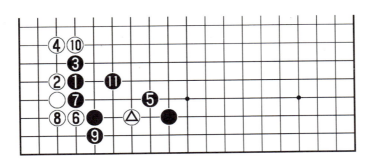

图 8

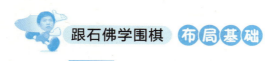

图 **9** *极端的取实地布局*

不管是实地，还是外势，如果走向极端，结果都不会好。图中黑棋从一开始，就展开了一连串的取实地的布局，从黑1占角开始，以及其后的黑3、5、7、19、39等棋子几乎都下在了三路。

下至白40，结果又如何呢？因为围棋毕竟是占地多的一方取胜，因此谁占地多，似乎谁就处于有利地位，但经过判断，黑棋显然处于不利。

这是因为黑棋过于追求实地，导致布局在大势上落后。尤其是黑7和黑19的三三打入过于着急，白棋由此获得了强大的外势，黑棋的布局方向出现了致命的错误。

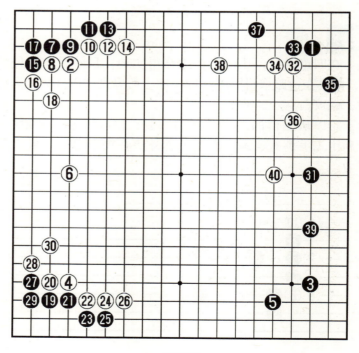

图9

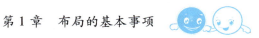

图 10　极端的取外势布局

相反，本图中的黑棋是极端的取外势布局，中腹的"以一当百"完全可以压倒白棋的零碎实地，坚持这一理念的黑棋一直在围中腹，但黑 5、15、27 的下法过于空虚，下至白 52，黑棋在目数上已落后白棋太多，黑棋的布局不利。

由此可见，不论偏重实地还是外势，布局的结果都不好。

虽然因棋风或个人喜好等原因，会对某些方面有所侧重，但不管如何，都应保持局面的平衡，不能没有大局观。

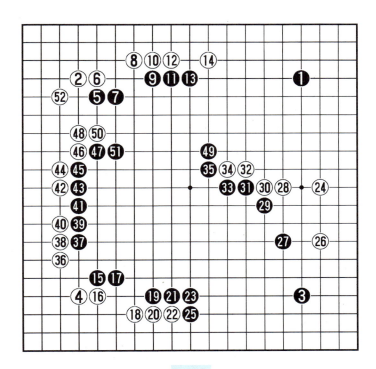

图 10

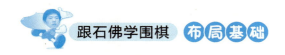

高效和低效

围棋中黑白双方棋子的效率如何直接决定棋局的胜负，因此围棋也有"效率运动"之称。尤其是在布局阶段，棋子的效率如何，可以左右最后的胜败。

如果出现不必要的棋子或过多无用的棋子，布局的效率肯定不高。如果各个棋子均能各尽其能、各尽其用，布局肯定成功。

图 11　吃子的效率

下图中的两个棋形，黑白各围住了对方的一个棋子。右侧的白棋吃黑棋一子，动用了四个白子。而左侧的黑棋吃白棋一子，除去必要的四个棋子外，还有四个不必要的黑△。通过比较，双方的效率一目了然。

黑棋在下左侧四个不必要的棋子时，白棋可以在其他地方用四个棋子再吃黑棋一子，从效率上来说，黑棋的效率只有白棋的一半。

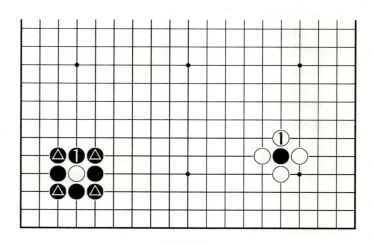

图 11

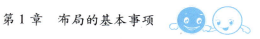

图 12　围棋的效率

下图中黑白双方各围了 9 目棋，黑棋投入了 7 个棋子，白棋只投入了 3 个棋子，右侧的白棋虽然还没有完全成目，但对方要想破坏，几乎不可能，可以说已 99% 围成了目。

从中可以发现，黑棋大约有 4 手棋浪费掉了。在布局的过程中，理想的布局应像白棋一样，投入最少的棋子，围成最多的目。

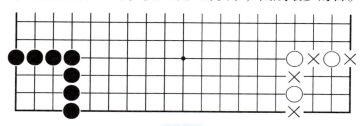

图 12

图 13　重复和效率

左侧黑棋与右侧白棋的棋形基本相同，不同点只是黑 1 拆和白 1 拆不一样。黑 1 虽然比较安全，但棋形过于重复，效率受到了影响。而右边白棋最大限度地利用了白△，效率达到了最大化。

通过对左右两图的计算，以×为界线，黑棋为 7 目，白棋为 13 目，孰优孰劣，一目了然。

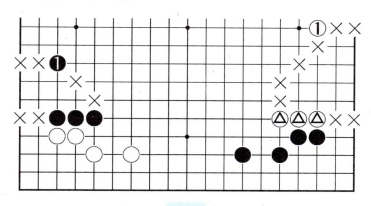

图 13

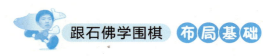

图 14　效率的最大化

　　下图中黑棋的四个角地均是缔角的棋形，A 图中黑 1 小飞缔角最好，可以确保 10 目以上的实地。

　　B 和 C 图中的黑棋过于拥挤，虽投入了两手棋，但损失了数目棋。D 图中的黑棋飞得过大，存在 a 位的致命弱点，还须再投入一手棋才能确保实地，而棋子的效率也就随之下降。

　　从中可以发现，要想实现棋子效率的最大化，还必须考虑到适当的间隔和配置。

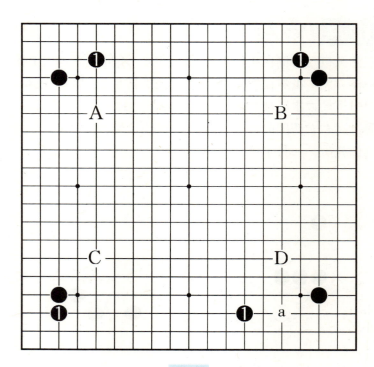

图 14

图 15　高效和低效布局

棋子效率的高低直接决定了布局的优劣，本图是 1 级与 7 级的让子棋实战对局，双方各下了 15 手，共计 30 手棋后，布局结束。

大致的形势判断是：黑棋上边 30 目，右下一带 25 目，共计约 55 目；白棋在左上、左边、左下一带大约有 90 目，由于外势强大，目数还有继续增长的可能性，再加上右上角的 10 目，共计约 100 目。

只下了 30 手棋，黑白双方的差距竟然达到 50 目，其原因是什么呢?

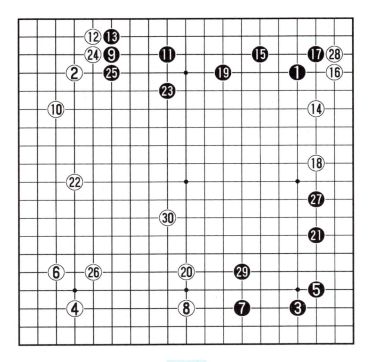

图 15

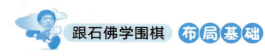

图 16 效率决定布局的优劣

图 15 中黑白双方产生巨大差别的原因是棋子的效率问题，通过对图 15 结果图的详细分析，便可知一二。

白棋所有的棋子均没有浪费。而黑棋的上边黑▲严重重复，只需下在 A 和 B 位两处即可达到同样的效果，右下方黑■也没有发挥作用，只需在 C 位下一子，目数上就没有大的差别。

通过以上分析，可以发现棋子的效率如何，对布局的影响有多大。

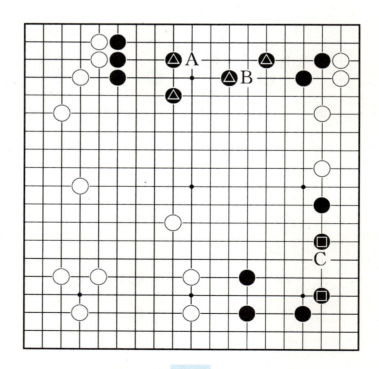

图 16

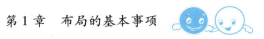

2. 占　角

正确的占角和错误的占角

在占角时应考虑的事项是：①对角的掌控能力；②能否确保角地；③向边和中腹的发展潜力。

图 *1*　错误的占角

图中黑1、3占角，过于接近边线，不仅围地困难，而且向边和中腹发展的余地也不大。白2、4占角，白棋对角地的掌控力几乎没有。黑白双方的占角方式都是错误的。

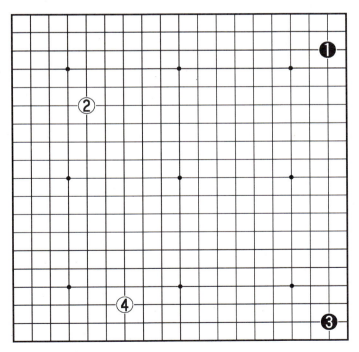

图1

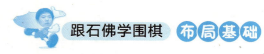

图 2　正确的占角

占角的位置必须对角地有很好的掌控能力以及较强的向边和中腹发展的能力。

图中黑1占星位，白2占小目，黑3占目外（A位是高目），白4占三三，这些位置均符合占角的条件，是正确的占角。

现代围棋中占角的下法很多，使用频率的排序为：星位＞小目＞三三＞目外。

以下分别对各个位置的特点和优缺点进行分析。

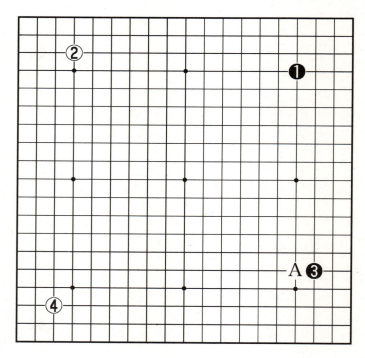

图2

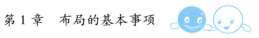

星　位

图 3　星位的优点

星位仅用一手棋就可掌控角地，并可快速抢占其他大场，向中腹发展潜力很强。由于具有速度快和取外势的优点，现代围棋中广泛使用。

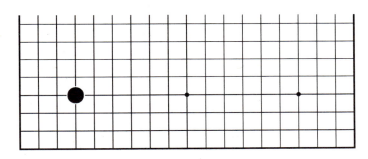

图3

图 4　星位的缺点

星位也有缺点，由于位处四路和四路的交叉点，对角地的防守较弱，图中白 1 打入后，白棋可以抢占角地。

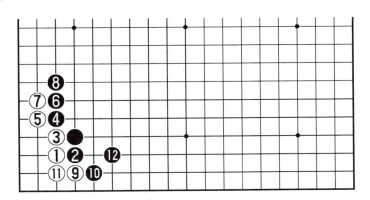

图4

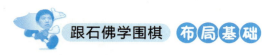
图 5　缔角中的弱点

黑△缔角后，黑棋仍然不能完全防守角地，白1打入后，黑棋仍无法吃住白棋。

因此如何防守对方的打入是星布局的关键所在。

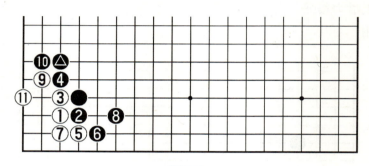

图 5

图 6　星位的速度

星位虽然在实地防守上有弱点，但星位仍然被广泛使用，原因是星位的速度快。即黑1可以快速拆边。

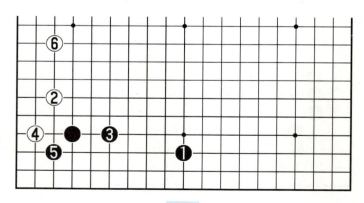

图 6

小　目

图 7　有利于确保角地

　　小目与星位一样，都是最常用的占角位置。小目在边地和中腹的发展潜力虽不及星位，但在确保角地方面要比星位有利。

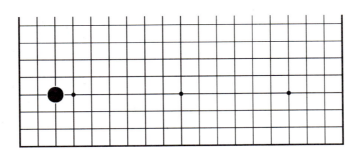

图 7

图 8　小目的优点

　　黑▲缔角后，黑棋可以完全确保角上实地，这是小目的最大优点。白 1 侵消时，黑 2 挡后，黑棋可以完全掌控角地，如果以 × 为界，黑棋在角上可确定约 11 目。

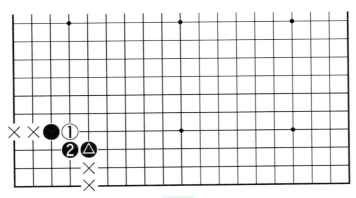

图 8

图9 小目的弱点1

小目必须缔角，这也是小目的弱点，即白1挂后，黑棋对角的掌控能力减半。图中下至白5，黑白双方分享角和边的利益。

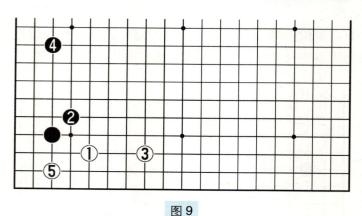

图9

图10 小目的弱点2

小目必须缔角的另一个原因是，黑棋在边上展开多少存在一些困难。图中所示，黑1如果在边上展开过大，白2挂角后，黑棋的意图难以实现。

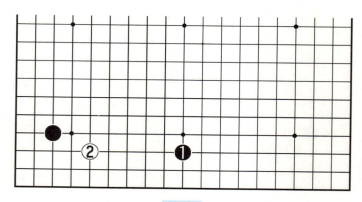

图10

三 三

图 11 极端的取实地

三三是占角中取实地最极端的位置，一手棋就可确保角地，并可以像星位一样快速抢占其他大场，是喜爱实地的棋手常用的下法。

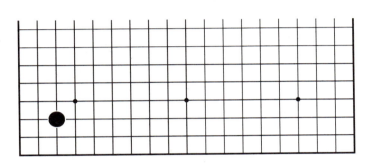

图 11

图 12 三三的优点

三三是角上实地的急所，一旦占取了三三，对方再无可能在角地打入。图中白 1 如果打入，黑 2 挡后，白棋无法活棋。

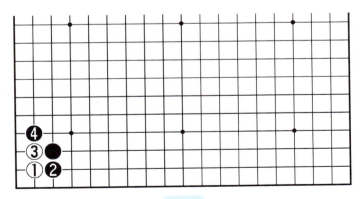

图 12

23

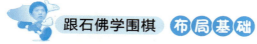

图 13　三三的弱点

三三由于位置较低，因而向边地和中腹的发展比较困难，这是三三致命的弱点。以后即使黑▲和黑■展开，也会受到白1的压迫，所以在重视发展潜力和大局观的现代围棋布局中，已越来越难寻三三的踪迹。

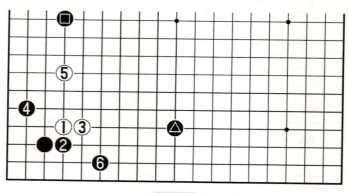

图 13

目　　外

图 14　重视边地、攻击性强

目外与高目一样，均是取外势的位置，虽然对角地的掌控能力较弱，但对边地有很好的控制能力，且内含变化较多，攻击性强。

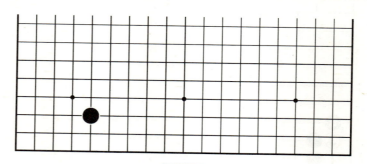

图 14

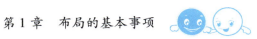

图 15　占边和构筑外势

目外的弱点是白 1 占小目或 A 位点三三时，黑棋无法守住角地。
因此黑 2 封，黑棋构筑外势后，黑 6 拆边，黑棋也可接受。

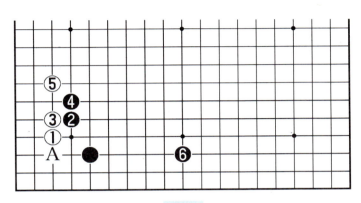

图 15

图 16　目外的攻击性

目外的最大特点是攻击性，即白 1 挂小目，黑 2 或 A 位强攻后，
黑棋可以掌握主动权。目外是上手欺负下手时常用的手法。

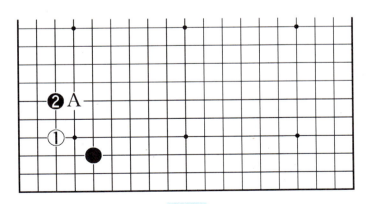

图 16

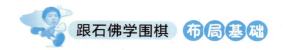

高　目

图 17　直指中腹

由于高目的位置比目外高，因而对中腹的影响力更强，虽然对角地的掌控能力较弱，但在构筑外势方面相对方便，不过高目也是不常用的下法。

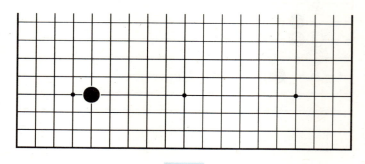

图 17

图 18　构筑外势

白1在小目挂角后，黑棋无奈只好将角地拱手相让，黑2构筑外势是高目的一般性运用方法。

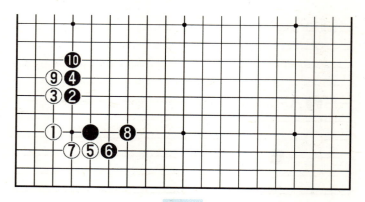

图 18

其　他

图 *19* 　大目外、大高目、五五

　　从对角地的掌控能力和占取实地方面考虑，前面分析的五种占角手法均很好。除此之外，还有一些尝试和个人喜好的占角手法，这就是本图中的黑▲（大目外）、黑■（大高目）、黑●（五五）等。

　　这些手法的共同点是白 1 打入兼挂角后，黑棋只好将角地拱手相让，但黑棋可以通过攻击白棋，掌握主动权和寻求新变化。

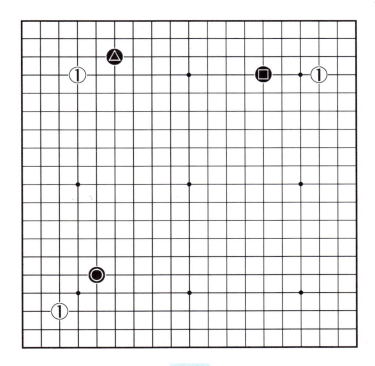

图 19

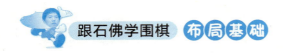

3. 缔　角

什么是缔角？

为了确保角地，在原有占角的基础上，在其附近再下一着相互配合守角的棋，称为"缔角"。

图 **1**　效率决定布局的优劣

图中黑棋以小目布局应对白棋的星小目布局，小目必须再补一手棋强化角地，然后才能在边地展开。其后黑5、白6与黑7均是缔角的下法。

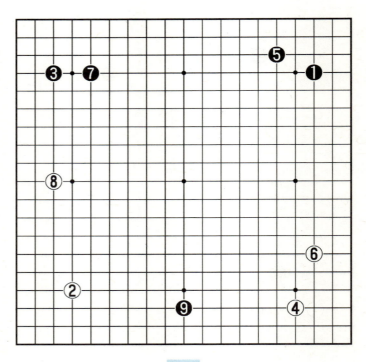

图1

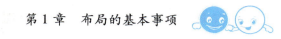

图 2　错误的缔角

本图中的缔角都不是正确的下法，黑 5 与黑 7 的缔角，棋子间过于拥挤，缺少发展潜力。白 6 与白 4 之间的距离过大，白 8 过于强调中腹，白棋的角地仍然很空虚，对白棋边地的展开帮助也不大。

能够满足确保角地和发展潜力两个条件的缔角才能称为正确的缔角，与原有棋子间保持一间跳、小飞、二间跳、大飞等棋形的缔角方式比较好。

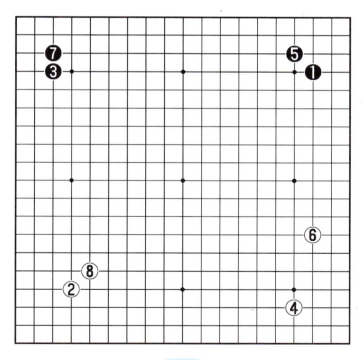

图 2

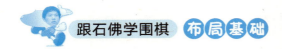

小目缔角

图 3　坚固的飞补

由于小目本身偏向于角的一侧，另一侧就有必要进一步巩固，其中最多的巩固手法便是黑 1 飞。小飞缔角在确保角地时，十分坚固有效。黑 1 缔角后，黑棋可在角地确保大约 11 目棋，并且还有箭头所示方向的发展潜力。

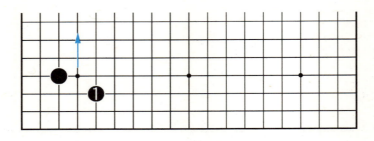

图3

图 4　角地的完整防守

黑△小飞缔角后，白棋再想打入已不可能。如果白 1 执意打入，以下进行至黑 14，白棋整体不活。白棋如果下在 2 位，黑棋在 1 位补棋后，黑棋十分安全。

不过，白棋如果在其他地方产生了打劫，白 1 可以作为劫材使用。

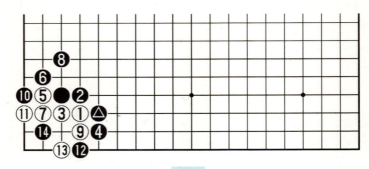

图4

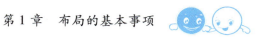

图 5　谋求中腹的一间跳缔角

黑 1 一间跳缔角也经常使用。一间跳缔角比小飞缔角位置高，对左边和中腹的发展潜力当然更强（箭头所指的方向），与小飞缔角相比，也存在致命的弱点。

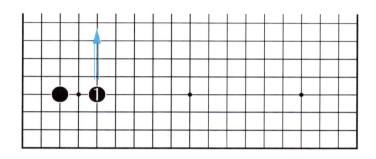

图 5

图 6　后门洞开

一间跳缔角的弱点是后门洞开。黑▲缔角时，白棋以白△为后援，于白 1 逼攻十分有威胁，黑棋如果脱先，白 3 飞，白棋进角后，黑棋大损。

因此白 1 时，黑棋必须于 A 位补棋。或在白△时，黑棋先在 B 位拆也不错。

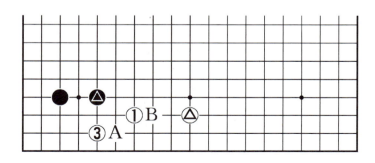

图 6

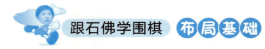

图 7　大飞缔角

黑1大飞缔角也是常用下法，与小飞缔角相比，黑棋虽然对角地的防守相对薄弱，但优点是能够在边地快速展开。

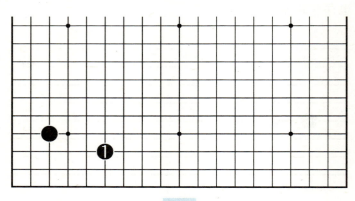

图7

图 8　角地空虚

黑△大飞缔角时，白△逼攻，威胁相当大。以后白1打入十分严厉，下至白5，白棋可以侵蚀角地。因此白△逼攻时，黑棋应在A位补棋。

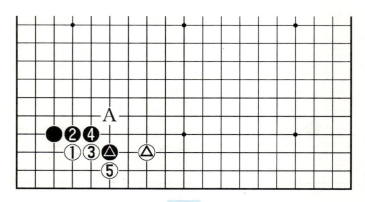

图8

图 9　特殊的缔角

　　小目缔角中小飞缔角、一间跳缔角和大飞缔角均是普通的缔角手法，除此之外还有类似图中的黑▲和黑■特殊缔角方式。在选择这些特殊的缔角方式时，一定要考虑到周边棋子的配置和协调，初学者还是不用为好。

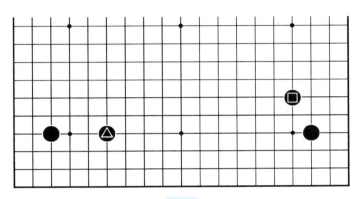

图 9

图 10　错误的缔角

　　本图中的黑▲和黑■均是错误的缔角。黑▲的缔角虽然有助于防守角地，但过于拥挤，发展潜力受到限制。而黑■距离过大，存在 A 位的致命弱点。

　　因此缔角仍以小飞、一间跳、大飞等棋形为宜。

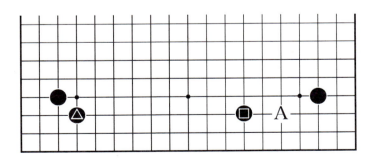

图 10

图 11　缔角的威力

缔角的价值除了强化角地外，还可为棋子的发展潜力提供帮助，有助于棋子在边地和中腹出头。

如果黑棋在角地只有一个棋子时，黑棋要拆边，只能在 A、B 位这样的位置中考虑。而本图有了黑▲和黑■缔角，黑棋就可考虑下成黑 1 拆边。

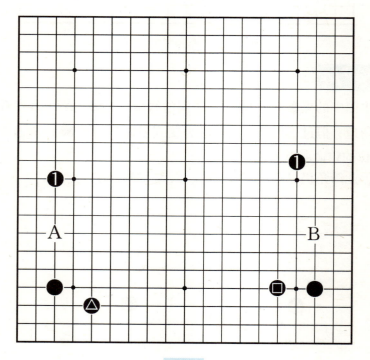

图 11

图 12　坚实的小飞缔角

由于星位处于角地对冲的中心，与小目相比，不用立即缔角。若能缔角，其实地与发展潜力均可得到加强，其价值绝不比小目低。本图黑 1 便是坚实的小飞缔角。

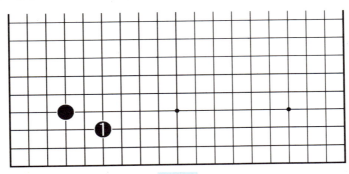

图 12

图 13　缔角的弱点

星位与小目不同，黑△小飞缔角后，黑棋的角地仍不完整，即白 1 打入，以下进行至白 11，白棋可以活角，而黑棋获得了外势。当然，白棋的打入应选择合适的时机。

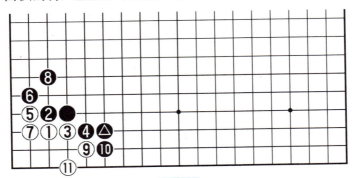

图 13

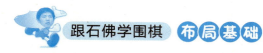
图 14 黑棋无理

白 1 打入时，黑棋如果执意不让白棋活棋，下成本图中的黑 8、10 紧气，但白 11 夹后，黑棋的边地被彻底破坏。

黑 8、10 成立的条件是除黑△缩角外，黑棋还要在 A 位附近有援军。因此白 1 打入时，黑棋采用图 13 中让白棋活角，自己构筑外势的下法是明智的。

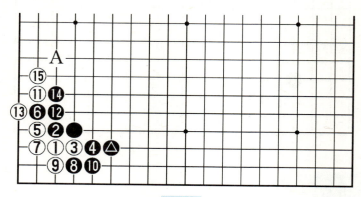

图 14

图 15 双重缩角

除黑△缩角外，黑棋还须再投入一手棋方可完全确保角地，黑 1 尖的下法就是双重缩角。以后白 A 如果打入，就不成立了。结果是黑棋在 × 线内得到了约 18 目实地，并且还有相当大的发展潜力。

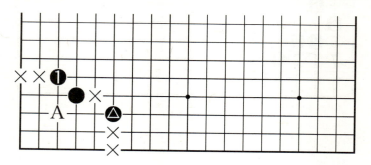

图 15

图 16　傻瓜缔角

在双重缔角中，如果下成本图中的黑■缔角，黑棋受损，因为白棋仍有白 1 打入的余地。

因此类似图中的黑▲与黑■缔角，即小飞与大飞的缔角方式或小飞与小飞双重缔角的方式称为"傻瓜缔角"，不应考虑。

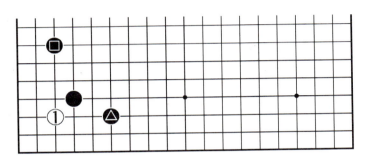

图 16

图 17　可恶的余味

图中白棋虽然不能完全活棋，但白 5、7 是做劫的手段，黑棋如果输劫，黑棋的角地和边地几乎变成"废墟"，黑棋大损。黑棋投入了三手棋，却留下如此可恶的余味，棋子的效率太差了。

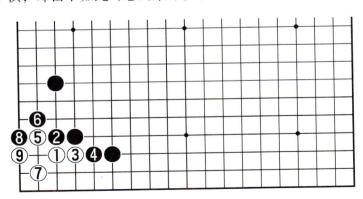

图 17

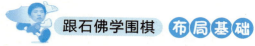

图 18　一间跳缔角

黑1一间跳是很好的缔角，与小飞缔角相比，黑棋取中腹外势和向边地发展的潜力十分巨大，不过 A 位的弱点和 B 位的空门是一间跳缔角存在的缺陷。

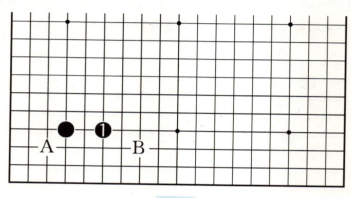

图 18

图 19　高低长短

在一间跳的缔角中，如果已有黑■，黑△的一间跳缔角要比下在 A 位小飞缔角更好，在高低长短的搭配上更协调、效率更高。此时白1如果打入，黑2封后，白棋无理。

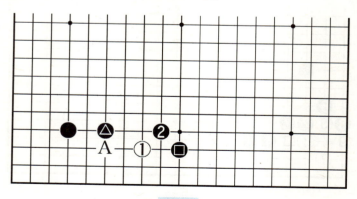

图 19

图 20　　大飞缔角

　　黑 1 大飞缔角也是常见的有力手段，与小飞缔角相比，大飞缔角更有利于构筑边地，弱点是角地相对虚弱。

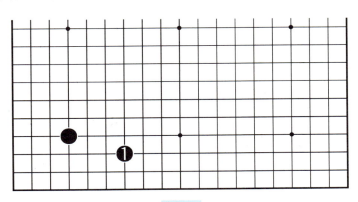

图 20

图 21　　大飞缔角的弱点

　　黑△大飞缔角时，白△如果逼攻，黑棋的角地存在危险。因为白棋有白 1 打入的手段，所以白△逼攻时，黑棋应在 A 位补棋。

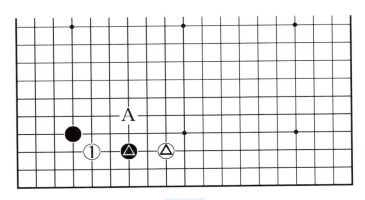

图 21

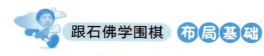

图22 特殊的缔角

本图的星位缔角一般在特殊情况下使用。黑▲二间跳缔角，是在扩张外势时或牵制对方的外势时使用。白△逼攻时，黑■尖是缔角的方法。

黑棋在下边已经展开时，黑棋为了防守角地，也会使用黑◉并的下法或黑◈三三守角的下法。

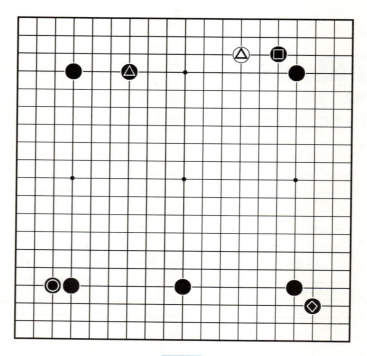

图22

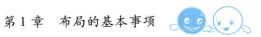

三三缔角

图 23　大飞缔角

　　三三已经可以确保角地，因此缔角就显得不是十分急迫。此时如果缔角，一般会使用黑 1 大飞的下法，有时也可下在 A 位飞或在 B 位二间跳。

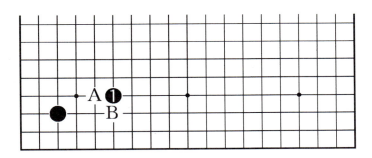

图 23

图 24　以角地为后援拆边

　　三三缔角的威力很大，普通拆边时，一般会下在 A 位，如果已有黑▲缔角，黑棋则可以此为后援，在黑 1 拆。

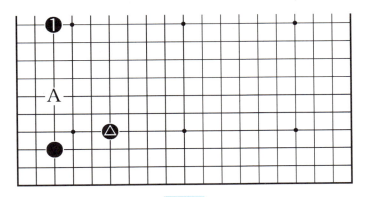

图 24

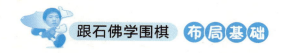

目外缔角

图 25 普通的小目缔角

目外缔角的方法比较简单，即黑1下在小目就是目外缔角，这与小目小飞缔角是同一棋形。

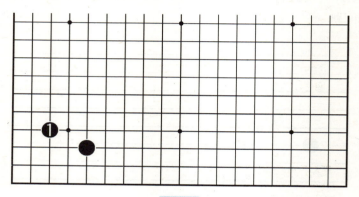

图 25

图 26 取外势的缔角

目外缔角中也有黑1重视外势的下法，一般是在构筑边地和中腹的大模样时使用。白 A 打入后，黑棋无法吃住白棋是其弱点。

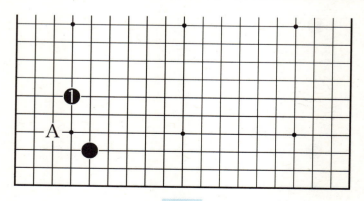

图 26

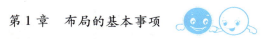

高目缔角

图 27　一间跳缔角

黑1下在小目是高目缔角中普通的下法，跟小目一间跳缔角的棋形相同。

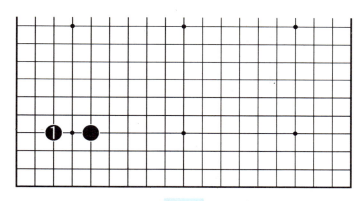

图 27

图 28　重视边地的缔角

黑1还有可能更大一步缔角，其意图是重视边地，但 A 和 B 位是其弱点。

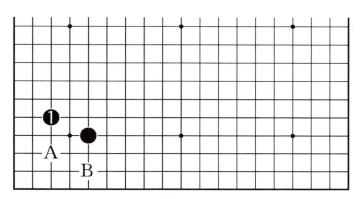

图 28

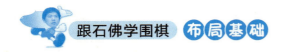
其他缔角

图 **29**

本图是其他占角时的缔角方法。

左侧黑1是五五（黑△）缔角的方法，白2打入后，黑棋无法确保角地是其弱点。

右侧的黑1是大高目（黑■）缔角的第一感觉，白2、4是巧妙的打入手段。

这些特殊的缔角有一个共同特点就是角地不牢。

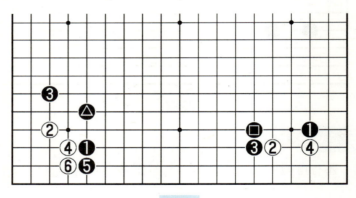

图29

4. 挂　角

既然缔角有这么多的优点，另一方当然会进行阻止，为了阻止对方的缔角，其方法就是挂角。

挂角的方法和变化

　同样的位置

图中黑5与白6均下在了对方缔角的位置上，这种互相挂角的下法目的均是阻止对方在角地围地，双方以后必然会发生战斗。

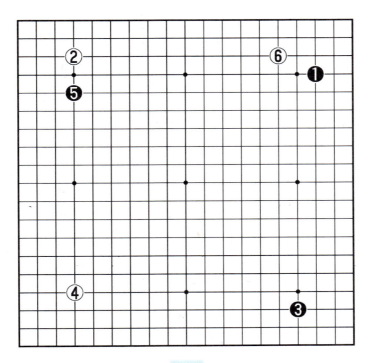

图1

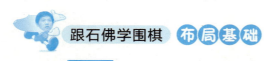

图 2　挂角产生的定式和战斗

类似黑△和白△的挂角，由于形成了正面阻止对方的棋形，必然会由此发生战斗。角部战斗与行棋以及与之相关变化的定型过程，也就是我们所说的"定式"。

挂角是定式的形成过程，其间必然要发生战斗，因此对定式的掌握与了解，可以防止挂角时在所发生的战斗中受损。

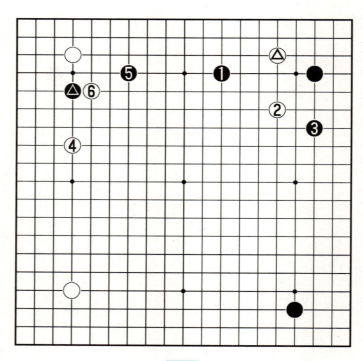

图2

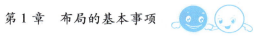

图 3 错误的挂角

并不是在角地附近所有的下法都称为挂角，本图中的白△和白⬜均不能称为挂角。

白△离角地过近，黑1挡后，黑棋不仅可以守角，同时还对白棋形成了压制。

白⬜离角地过远，对角地的影响较小。

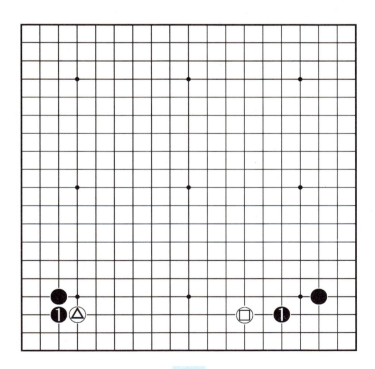

图3

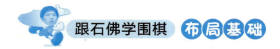

小目挂角

图 4　小目飞挂

小目十分需要缔角，而挂角中最常见的下法便是小飞挂角，即图中的白1挂角。白棋挂角后，黑棋很难独占角地。

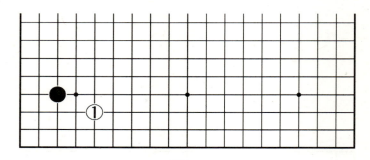

图 4

图 5　分享角地

白△挂角后，黑棋如果脱先，白棋在 A 位夹攻，可掌握主动权。因此黑1补是必然的下法，以下进行至白4，白棋成功与黑棋分享角地，可见挂角的作用。

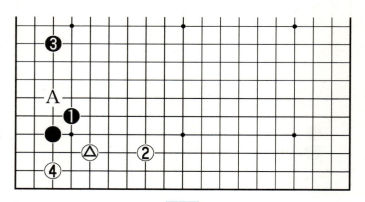

图 5

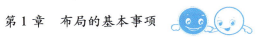

图 6　夹攻

黑 1 夹攻白△是更积极的应对手法，以下进行至白 6 是定式化进行。

在这样的挂角中，因夹攻而产生的定式和变化很多。

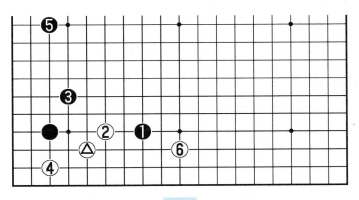

图 6

图 7　一间挂

白 1 一间挂也是十分有力的下法，这一下法虽然在实地上不如小飞挂角，但由于位置较高，可以有效地避开黑棋的攻击。

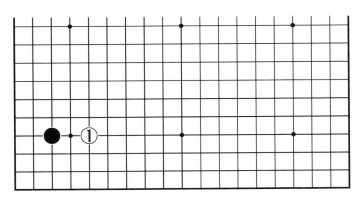

图 7

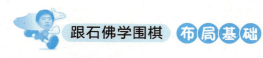

图 8 平分角地

白△挂角时，黑棋考虑到如果脱先，会受到白棋的攻击，因此黑1应，以下进行至白6，白棋则可平分角地。

在挂角过程中，双方分别让步并分享利益是很自然的事情。

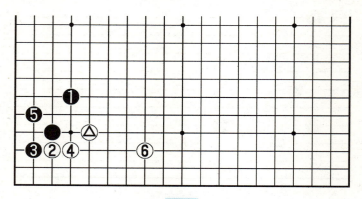

图8

图 9 黑角与白边

白△挂角时，黑1、3靠退也十分有力，以下进行至白6是定式次序，结果是黑棋得角、白棋得边。

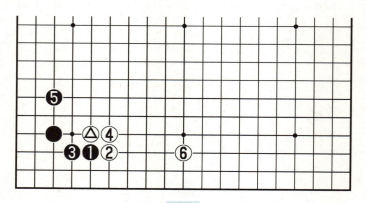

图9

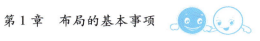

图 10　大飞挂角

白 1 大飞挂角也是一种下法，与小飞挂角相比，对实地的掌控能力较弱，而在边地的展开则相对容易。黑 2 补棋是常识性下法，白 3 拆二，白棋谋求安定。

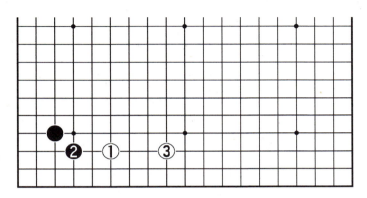

图 10

图 11　特殊的小目挂角

白 1 二间高挂是特殊的小目挂角，由于对角地的影响力较弱，一般不常使用。

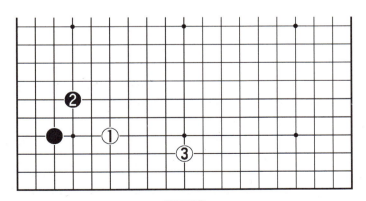

图 11

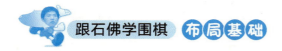

星位挂角

图 12 小飞挂角

小飞挂角是星位挂角中最常见的下法，可以对星位的发展潜力和实地掌控方面进行牵制。

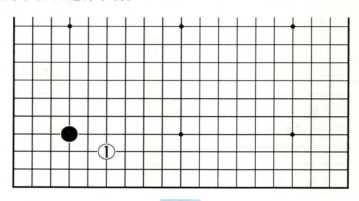

图 12

图 13 小飞应对

白△小飞挂角时，黑1小飞是最稳健和最有效的应对方法，此时黑棋的星位是双方的对称中心点，从力学角度来说，黑棋占有压倒性优势。

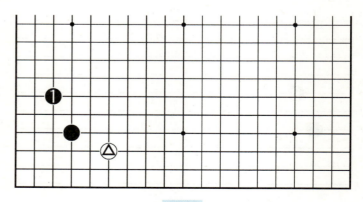

图 13

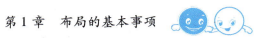

图 14 夹攻

黑1夹攻白△是积极的手法，白2破黑角并抢占实地，黑棋则构筑外势，双方形成转换。

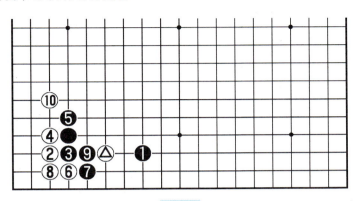

图 14

图 15 取外势的高挂

白1高挂的下法也可考虑，不过与小飞挂角相比，白棋在实地上受损，因此一般不常使用。白1高挂可以弱化黑棋夹攻的可能性并有利于扩张外势。

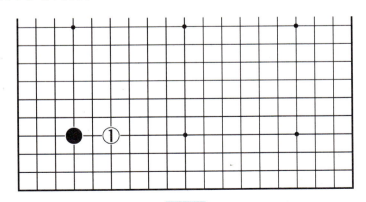

图 15

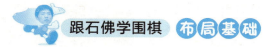

图 16 一间跳应

白△一间高挂时，黑1在对称点应对是最平常的下法，黑棋可以保持力学上的优势。

黑棋如果想下得更坚实一点，黑1下在A位飞也有可能。

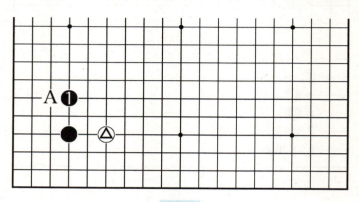

图 16

图 17 大飞挂角

白1大飞挂角的下法也可考虑，但黑2补棋后，黑棋可得全部角地，局部来说白棋受损。

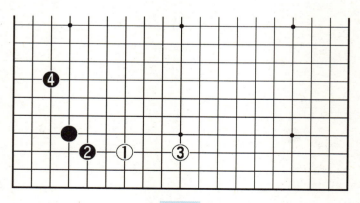

图 17

.

.

图 18　拆边和挂角兼顾

白棋如果已有白△，白 1 大飞挂角是很好的下法，白 1 与白△形成了拆边的棋形，并且还兼顾挂角，起到了一举两得的作用。

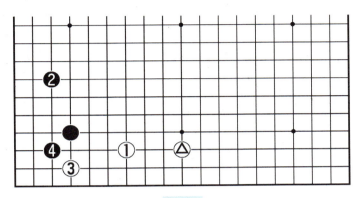

图 18

图 19　特殊的星位挂角

白 1 二间高挂的下法也有可能，但因对角地的影响力较弱，实际上几乎不用。

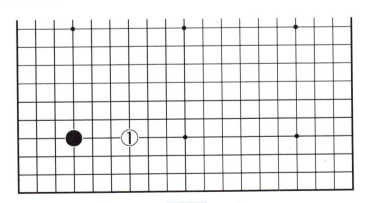

图 19

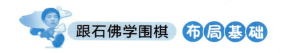
三三挂角

图 20　大飞挂角

由于三三已可完全独占角地，因此在三三挂角时，考虑的不是如何占角，而是边地的发展潜力。因此白 1 大飞挂是常用的下法，当然 A、B、C 位的挂角也有可能。

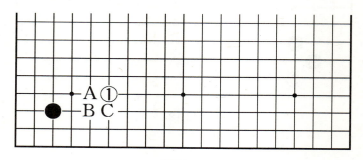

图 20

图 21　大飞应对

白△挂角时，黑 1 大飞应对是好棋，黑△成对称的中心点，黑棋有利。黑棋如果想下得更坚实一些，黑 1 下在 A 位补棋也很不错。

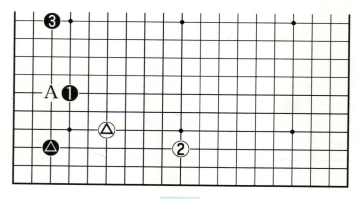

图 21

图 22 对称点应手

白 1 挂，虽然有点急迫，但很有力，黑 2 在对称点应对也是正常的下法。

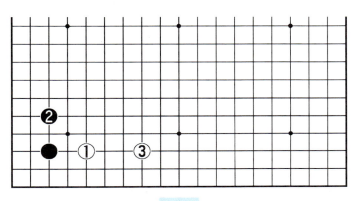

图 22

图 23 强烈压迫

白棋可以不挂角，而选择强烈压迫黑棋的手段，白 1 肩冲就是这样的手段。白棋利用黑棋三三位置较低的特点，将黑棋压在低位，自己则构筑外势。

正因为白棋有类似的强烈手段，从另一方面也证明三三的发展潜力较弱。

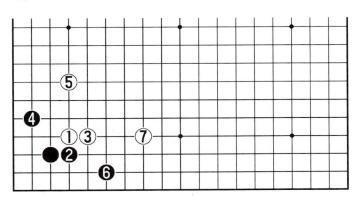

图 23

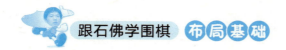

目外挂角

图 24　小目挂目外角

由于目外和高目的位置比较偏外，因此挂角时，挂在内侧并兼有打入的作用。图中白1在小目挂角是最普遍的下法，也有的下在A位三三进角。

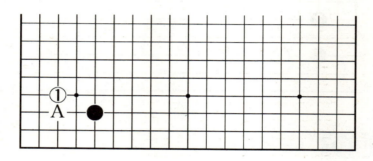

图24

图 25　让出角地

由于白△是挂在了角内，占目外的黑棋只好将角地让出，于黑1封，压迫挂角的白棋，并构筑外势，谋求边地是一般性下法。

黑1下在A位夹攻是更积极的下法。

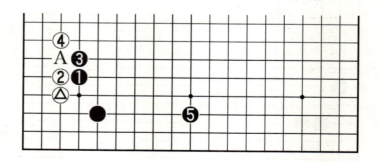

图25

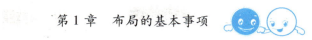

图 26　挂在外侧

白棋如果不愿出现图 25 中被压迫的结果，白 1 挂在外侧也可考虑，黑 2 占角地时，白棋则占边地。

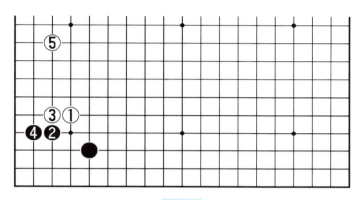

图 26

高目挂角

图 27　小目挂高目

白 1 在小目挂黑棋高目是常识性的下法，白棋由此可以占取角地。白 1 也有下在 A 位的下法。

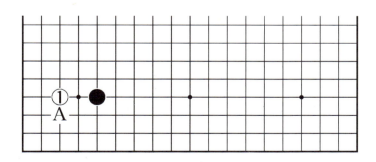

图 27

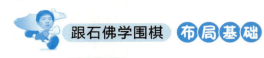
跟石佛学围棋 **布局基础**

图 28　高压战术

白△在小目挂黑棋高目时，黑1封，采取高压战术压迫白棋的可能性很大，黑棋的意图是让白棋得角，自己则在中腹构筑外势。

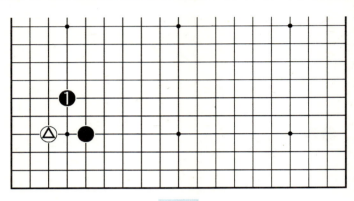

图 28

图 29　挂在外侧

白棋如果无法忍受黑棋的高压战术，于白1挂在外侧是比较温和的下法，白棋让黑棋得角地，自己则在边地站稳后，牵制黑棋的外势。

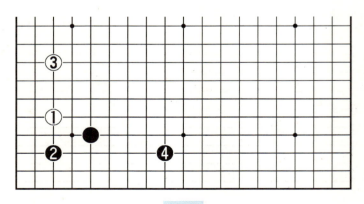

图 29

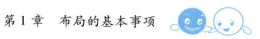

其他挂角

图 **30**　轻松得角

黑▲占大目外和黑■占大高目时，白 1 或白 A 挂角后，白棋可以轻松得角。由于目外或高目对挂角的棋子缺少很好的压迫手段，因此黑▲和黑■这样的特殊占角方式几乎不用。

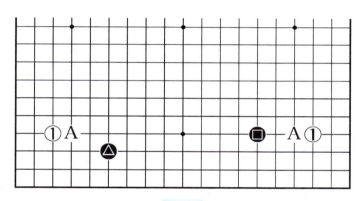

图 30

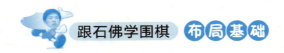

5. 拆 边

占角、缔角、挂角等将角地整理完以后，按照布局的次序在边地的行棋，就是我们所说的拆边。

图 1 拆边的类型

本图是实战中出现的拆边的各种棋形，四条边的拆边间隔和高低不尽相同。

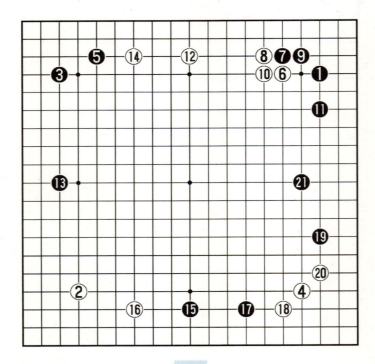

图 1

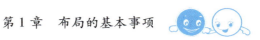

图2 不同的间隔和高低

现在我们分析一下图1中的各种拆边特征。A图中的拆边，目的是生根并抢占边地；B图中的白棋拆边，目的是扩张棋形，并伺机攻击左侧黑棋；C图中黑棋拆边是考虑到右上角的关系以及高低长短的配置后，最大限度扩张棋形的下法；D图中白棋立二拆三是效率最高的下法；E图中黑棋是以缔角为后援，充分发挥占角和缔角的潜力的下法。

图中的拆边是充分考虑了周边棋子配置和背景后作出的决定。

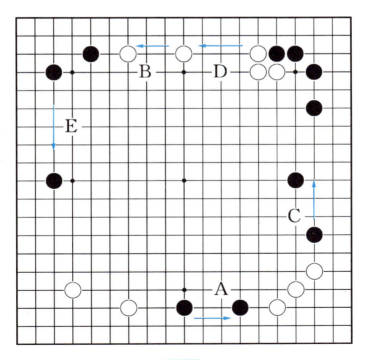

图2

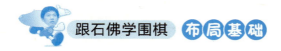

立一拆二

图3 拆边的基本型

当只有一个单独的棋子时，拆边的合适间隔是立一拆二，黑棋可以围成大约5目棋。

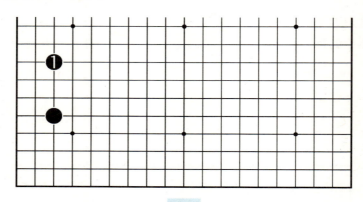

图3

图4 间隔太小

黑1单拆，看似十分安全，但棋形重复，棋子的价值没有得到充分发挥，也不易于做眼。

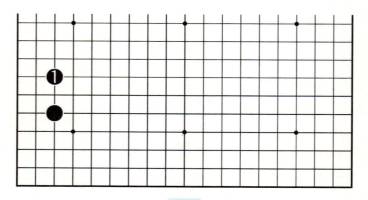

图4

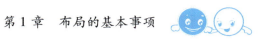

图 5　间隔过大

黑 1 拆三，间隔又过大，存在 A 位的致命弱点。

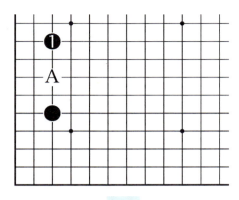

图 5

图 6　打入严厉

黑△拆三时，白 1 打入，黑 2 封，白 3 出头后，黑棋无法吃住白棋，黑棋由此被一分为二，面临苦战。

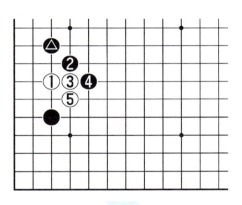

图 6

图 7　无理下法

白 1 打入时，黑 2 靠是无理的下法，以下进行至黑 8，黑棋虽然可以联络，但白棋先手中间开花，黑棋大损。所以说黑△是违反棋理的下法。

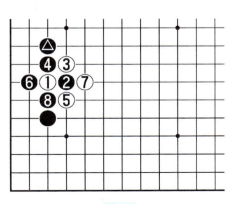

图 7

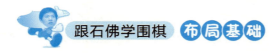

图 8　严防死守

　　黑△拆二时，白棋没有打入的空间，白 1、3 如果打入，黑 2、4 补棋后，黑棋可安然无恙。

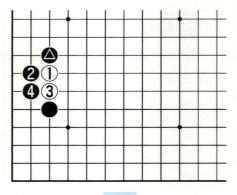

图 8

图 9　打入不成立

　　白 1 如果打入，黑 2 挡后，白棋打入不成立。白 3、5 试图反抗，但下至黑 6，白棋损失更大。所以说黑△拆二时，白棋没有打入的空间，是最合适的拆边间隔。

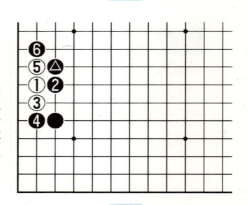

图 9

图 10　例外的情况

　　当然也有例外的情况，即图中已有白△和白〇时，黑棋拆二的空间被阻挡，黑棋不得已只好于黑 1 拆，黑棋的间隔虽小，但因为要生根，只能这样下。

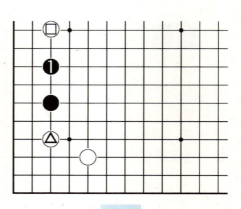

图 10

图 **11**   四路拆二

四路开拆最合适的间隔也是拆二，但四路拆边时一定要考虑到间隔和高低关系。图中黑 1 拆二时，白 2 可以逼攻，黑棋由于空门需补棋，如果不补棋，白 A 攻击后，黑棋实地受损。

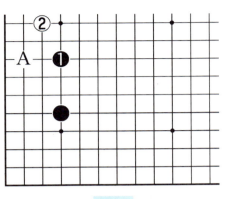

图 11

图 **12**   安全的间隔

图中四路与三路配合拆边是安全的距离，这是黑棋扩张棋形时常用的方法。

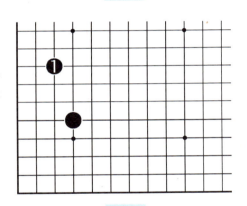

图 12

图 **13**   拆三

图中四路与三路的拆三也是很有力的下法，虽然有 A 位的弱点，但白棋也不敢轻易打入。请见下图分析。

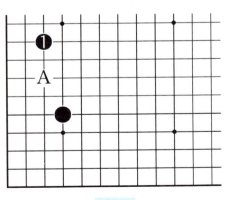

图 13

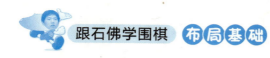

图 14   封锁中腹

白1打入，黑2封锁，白棋就地做活。黑棋封锁中腹后，外势十分强大，因此白棋打入过早。

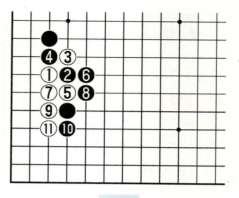

图 14

图 15   成功渡过

白1如果下在四路打入，黑2靠，以下进行至黑10，黑棋可以安然渡过，白棋虽然得到了一些外势，但黑棋所得实地太大，白棋不满。

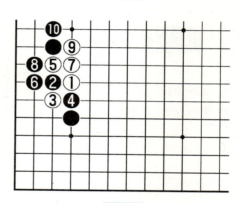

图 15

图 16   四路拆三的弱点

黑1如果下在四路拆三，存在 A、B 位的弱点，因棋形较虚，以后还须再补一手棋，棋子的效率反而不高。

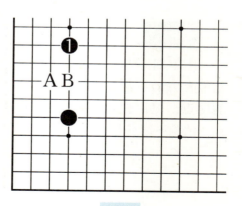

图 16

立二拆三、立三拆四

图 17　背景因素

只有一个棋子时，只能拆二，但如果周边棋子的情况发生了变化，则可以拆得更大一点，这是符合棋理的下法。

在有黑△两个棋子时，黑棋可以以此为背景，于黑 1 拆三，这就是立二拆三。

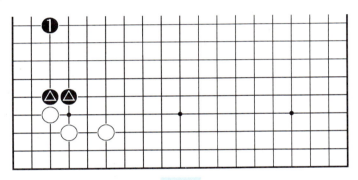

图 17

图 18　无理打入

黑棋立二拆三时，白 1 打入，黑 2 封后，黑棋可以吃住打入的白棋。其后白 3 时，黑 4 扳挡即可，黑△两子十分坚实。

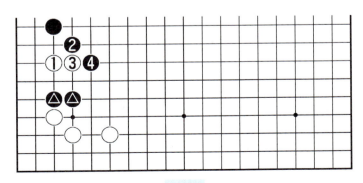

图 18

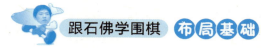

图 19　四路拆三

黑1如果下在四路拆三，黑棋的棋形存在弱点，白2逼攻时，黑3必须补棋，由此可以看出黑棋想围更多实地的想法过分。

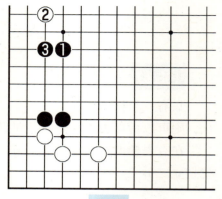

图 19

图 20　立二拆二的情况

大家还要注意这一情况出现时的下法，如果现在已有白△存在，黑1立二拆二是本手，具体原因请见下图分析。

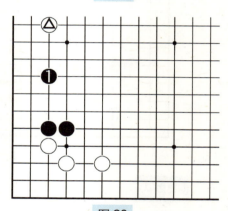

图 20

图 21　后续进行

在已有白△时，黑1如果立二拆三，白2打入后，黑棋困难。黑3、5封挡时，白6是妙手，其后白棋可以见合A和B位，而黑棋因有C、D位的弱点，陷入困境。

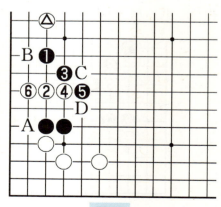

图 21

图 *22*　白棋逼攻

　　如果周边没有白棋，黑▲立二拆三，白1逼攻时，黑2补A位的弱点是本手。因此拆边时，一定要考虑到周边的情况。

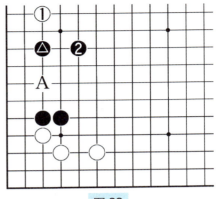

图 22

图 *23*　立三拆四

　　如果是黑▲三子，黑棋应如何拆边？

　　黑棋拆在A位虽是第一感觉，但黑1可以考虑拆四，这就是立三拆四。

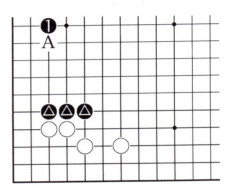

图 23

图 *24*　白棋打入的情况

　　黑棋立三拆四时，由于黑棋的间隔较大，看起来棋形较虚，但是白棋打入则不成立。白1打入时，黑2、4、6应对即可，由此可见黑▲的作用。

　　白棋如果在A位打入，黑棋在3位封锁即可。

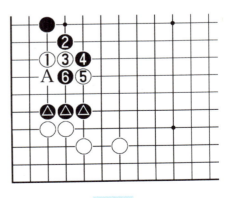

图 24

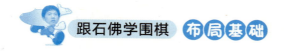

利用外势拆边

图 25　外势的利用价值

外势越强，拆边的距离就可相应越大，从这一方面可以证明外势潜在的利用价值。

图中白棋得到角地，黑棋则获得了中腹和边地的强大外势。其后黑棋可以此为后援在下边拆边，黑棋应如何拆边？

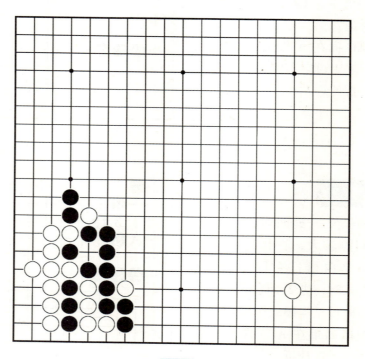

图 25

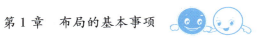

图 26 黑棋效率不高

黑 1 拆边，黑棋过于小心，黑⚫️的威力没有得到充分的利用。

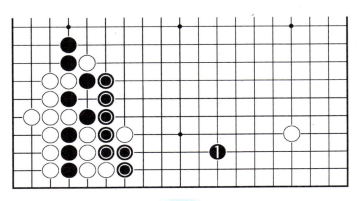

图 26

图 27 外势价值的最大化

　　黑 1 拆边，不仅豪放，而且也是正确的下法，同时还有挂角的作用，具有一石二鸟的效果。其后白 2 补角，黑 3 跳后，黑棋可以将外势的价值最大化。

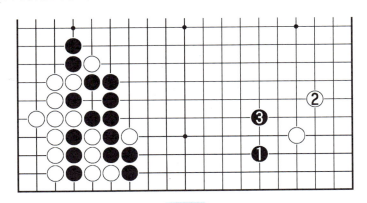

图 27

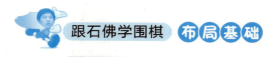

跟石佛学围棋 **布局基础**

图28 无理的夹攻

黑1拆边并兼挂角时，白2二间高夹是无理的下法，黑3单跳，白4应后，黑5镇，白棋十分危险。

在强大的黑棋阵营内，白棋要想活棋几乎不可能，以后即使勉强活棋，也要付出很大的代价，因此白棋应考虑其他下法。

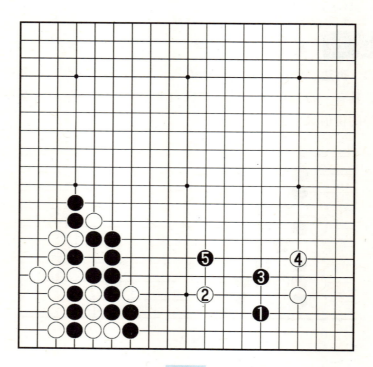

图28

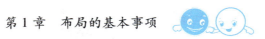

角、边的开拆

图 29　发展潜力因素

角、边的开拆由于有角地的发展潜力和威力等因素，开拆的距离可以更远。

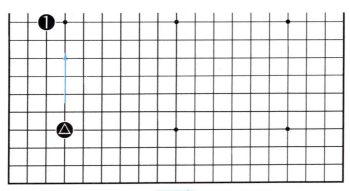

图29

图 30　白棋打入无理

黑棋远距离开拆时，虽然也有类似白1打入的担忧，但实际上是庸人自扰。此时黑2夹攻后，白棋困难。以下进行至黑6，两侧的黑棋得到了实地和外势，而白棋仍处于受攻的状态，白棋错失大势。

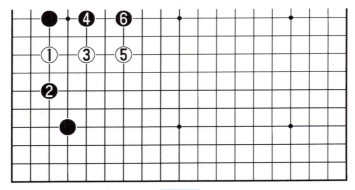

图30

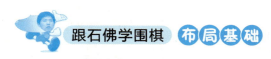

跟石佛学围棋 布局基础

图 31　错失大势

白 1 打入也不行，黑 2 攻击后，黑 4 补棋，而白棋由于有黑▲的限制不能立二拆三，只能委屈于白 5 整形，黑 6 猛攻后，白棋危险。

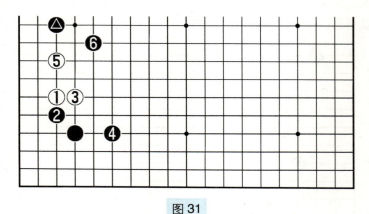

图 31

图 32　正确的下法

黑▲远拆时，白 1 在另一侧挂角是本手，以下至白 5 是定式的进行，双方下成均势。此处白 5 拆二同样值得关注。

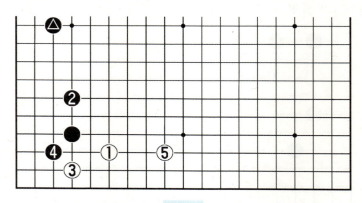

图 32

76

图 33　三三的拆边

占三三的黑棋如果要在边上展开，黑1是正确的下法。从占角的位置开始拆边时，若非特殊情况，一般下在黑1或A、B等位置比较妥当。

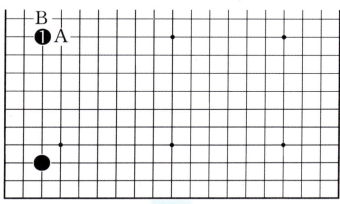

图 33

图 34　自找苦吃

黑棋在边上展开时，白1立即打入不好，以下至黑6是假定的进行，黑棋通过攻击，同时得到了左下角的实地和中腹的厚势，而白棋仍然是浮棋，白棋无疑是自找苦吃。

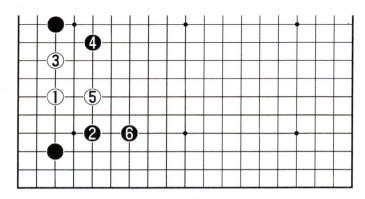

图 34

图 **35**　正确的接近

黑⚫在边上展开时，白棋在其相反的一侧接近是行棋的正确方向，白1挂角，黑2补棋时，白3可以自然展开。

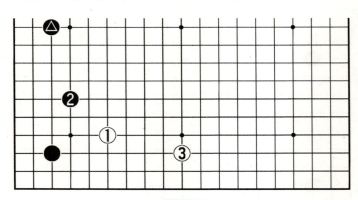

图 35

图 **36**　缔角时的拆边

黑⚫缔角时，黑1在边上展开，由于在箭头所示方向具有强大的发展潜力，黑棋的进行更有威力。

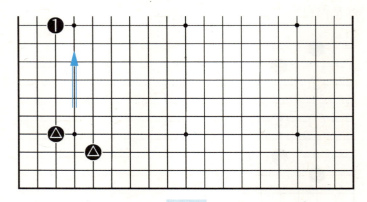

图 36

图 37　不要嫉妒对方围地

白棋一看黑棋围地很大，就匆匆忙忙于白 1 打入，这是自寻败局的下法。黑棋正好可以充分利用黑●缔角的威力，于黑 2、4 应对，白棋十分危险。

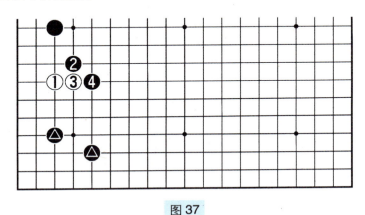

图 37

图 38　裹足不前

在黑棋缔角的形势下，黑 1 拆二是裹足不前的下法，黑棋自己限制了黑●的发展潜力，无疑于自杀行为，黑棋应寻求更为积极的下法。

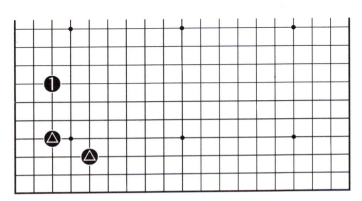

图 38

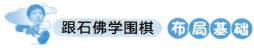

图 39　对方强大时的选择

如果有类似白△这样强大的厚势存在，黑1拆二是正确的选择。因此拆边时，一定要考虑到周边的情况。

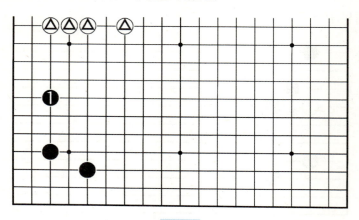

图 39

图 40　不自量力

在白△这样强大的厚势面前，黑棋仍然迷信黑棋缔角的威力，于黑1展开是不自量力的下法，白2简单打入后，白棋挟白△强大的厚势之威夹攻黑棋，以下进行至白8，中腹的黑棋下成了浮棋。

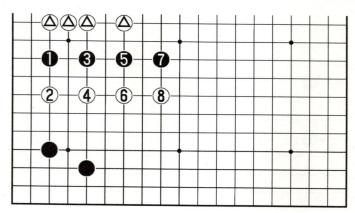

图 40

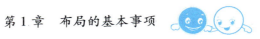

拆边的类型

拆边并不单单是为了增加实地，而是抢占战略要地的过程，因此对布局成功与否影响很大。下面分析一些具有战略价值的几种拆边类型。

① 生根的拆边

图 *41*　安定是首要任务

白 1 拆二虽然很小，但却是白棋唯一的选择，白棋必须要为白△生根安定，同时也有削弱黑棋外势的效果。

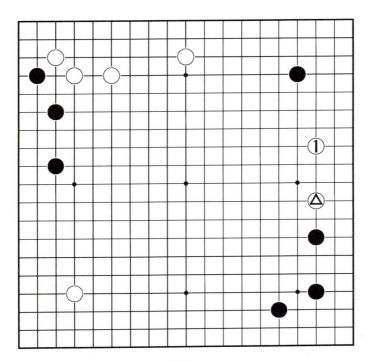

图 41

图 42 白棋浮棋

图中白 1 所占的位置无疑是大场，但黑 2 逼攻右边的白△后，白△变成了浮棋。其后白 3、5 向中腹逃跑时，黑 4、6 在攻击白棋的同时，自然占取实地，白棋明显被动。

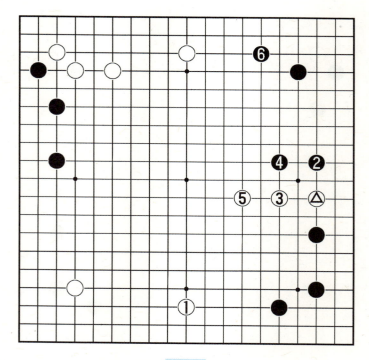

图 42

②攻击性拆边

图 **43**　伺机打入

黑 1 是发挥小目缔角黑△威力的绝好点，同时还瞄着白棋 A 位的弱点，是一石二鸟的好点。黑 1 逼攻时，白棋为了补 A 位的弱点，必须于白 2 补棋，此时黑棋则可脱先抢占其他大场。

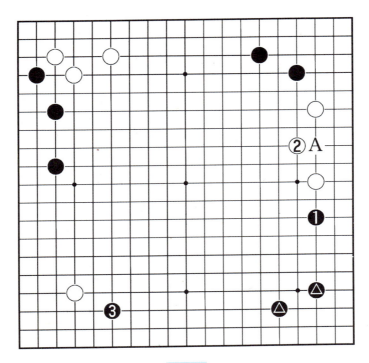

图 43

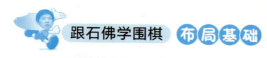

图 44 消极性缓着

黑棋如果顾忌到 A 位的弱点，而于黑 1 拆是过于消极的下法，是大缓着，此时白棋则可腾出手来，于白 2 抢占全盘最大的大场。

在自己强势的地方，一定要以更积极的态度，采取攻击性手法压制对方，从而掌握布局的主动权。

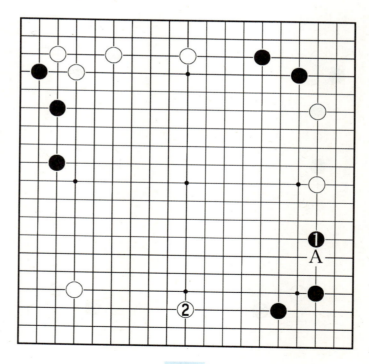

图 44

③拆在实地的要害之处

图 45　　威胁对方的空门

白 1 在占取实地和生根的同时，还威胁黑棋的空门，具有一石三鸟的作用。

此时黑棋普通的下法是在 A 位补棋，如果黑棋脱先，白 B 飞后，右下角的主人就要发生变更。

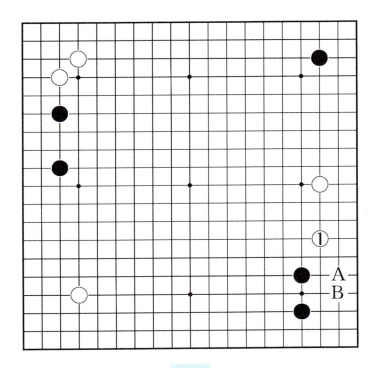

图45

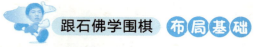

图 **46**　单纯的拆边

本图中的白1拆二是方向错误，只是单纯的拆边，黑2在右边补棋后，不仅可以扩张黑棋，而且还可威胁白棋，是一举两得的好棋。

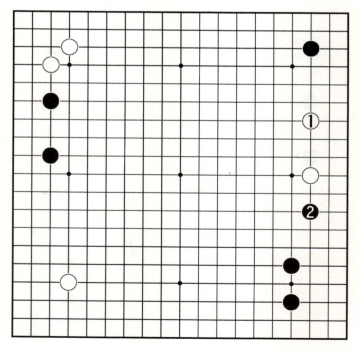

图 46

④追求棋形最大化的拆边

图 47　　阵地的要所

黑 1 拆边，实地很大，而且具有重要的战略价值，是阵地的要所。

黑 1 不仅可以充分使黑△的发展潜力最大化，而且还能限制白△的发展潜力，如果错失这样的大势点，布局肯定不好。

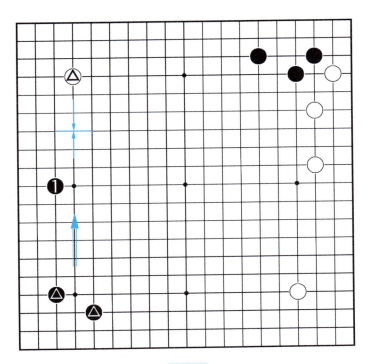

图 47

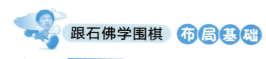

图 48　方向错误

　　同样是拆边，黑1在下边拆边则是方向错误，由于黑▲的位置较低，黑1也下在了较低的位置，此时白2则是绝好点，白棋布局占优。黑棋缔角的发展方向并不在下边，而是箭头所示的左边，这一点希望大家能看清楚。

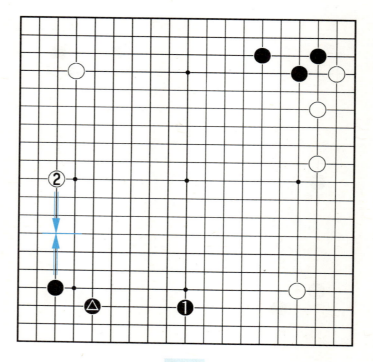

图 48

⑤拆在大势点

图 49　　多目标的绝好点

白 1 拆二，虽然看起来不大，也不起眼，但却是绝对的大势点，白棋不仅可以有效地扩张下边，还可防守 A 位的弱点，以后还有 B 位封盖的后续手段，是一石多鸟的好点。

C 位的挂和 D 位的展开也是大场。

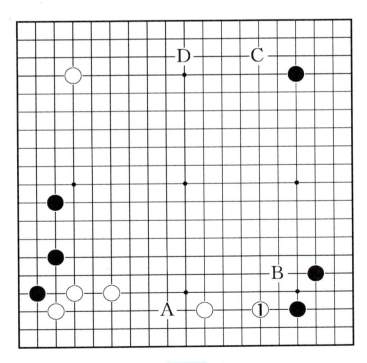

图 49

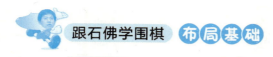
图 50 闲棋

白1可以说是大场，是见合右上黑棋和左上白棋的对称点。但是现在下却是一手闲棋，此时黑2在下边拆是绝好点，在扩张右下角黑棋的同时，还迫使白3应。白3如果不下，黑A打入十分严厉，白棋无法忍受。

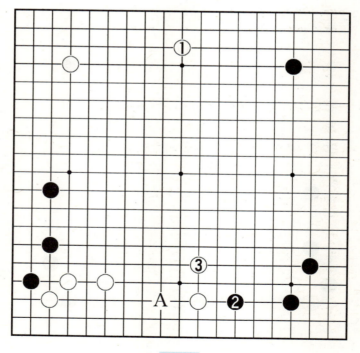

图 50

6. 扩 张

占角和拆边是布局过程中确保实地的重要过程，其后的棋形扩张则讲究行棋的效率。棋形扩张的主要手法是单跳、飞和大飞，具体使用哪一种手法，则要结合对方棋子的情况进行选择。

单 跳

在棋形扩张时最常用的手法就是向中腹一间单跳，一间单跳在棋形扩张的手法中所占比例超过一半，因此有"中腹单跳无恶手"的围棋格言。

图 1 有效的扩张

黑▲拆边时，白△同样拆边，双方针锋相对，那么黑棋扩张的效果如何呢？

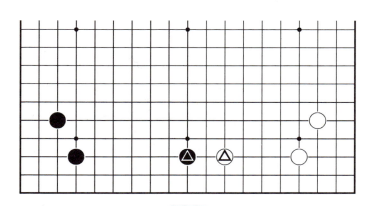

图1

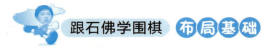

图2　态度消极

　　黑1筑篱笆，只是考虑到了如何围地，没有想到以后的发展，态度过于消极被动。白2单跳后，白棋反而更活跃。因此积极的态度十分重要。

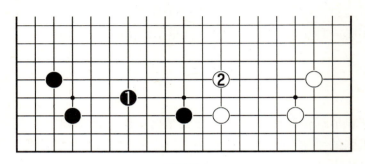

图2

图3　豪爽的一间跳

　　黑1向中腹一间跳十分豪爽，扩张方法很好，不仅照顾了左下的黑棋，而且还考虑到了中腹的发展。白2跟着跳时，黑3继续跳，始终领先白棋一步，这正是黑▲抢占要所的结果，其后黑5展开，黑棋下成"鹤翼阵"的理想棋形。

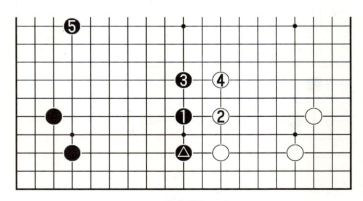

图3

图 4 后续手段丰富

黑1时，白棋如果脱先抢占其他大场，黑棋则有黑3打入的手段。黑1进行后，黑棋的后续手段十分丰富。

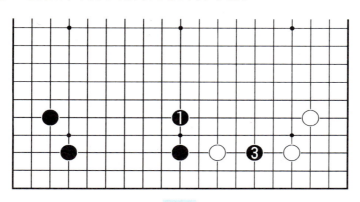

图 4

图 5 白棋打入无理

黑1时，白棋为了不让黑棋下成理想的棋形，于白2打入是无理下法，黑3、5镇封后，白棋十分危险，以后即使活棋，也会让黑棋顺势筑成外势，感觉生不如死。

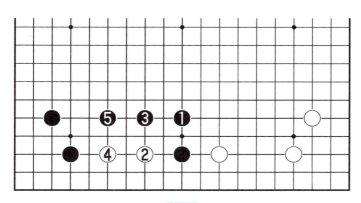

图 5

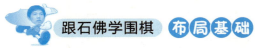

图 6　例外情况

如果周边有类似白△的强大外势，黑1安全补棋是明智下法。

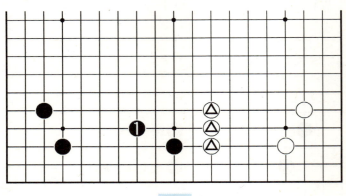

图6

图 7　黑棋大损

在周边已有白△的强大外势时，黑1仍坚持单跳是不知风险的下法，此时白2打入十分严厉，黑3、5封锁，以下进行至白12，黑棋大损。

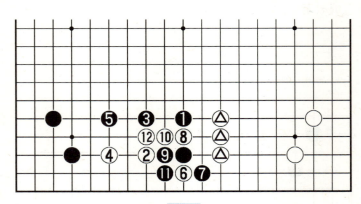

图7

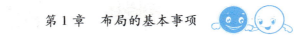

小飞与大飞

以下分析小飞与大飞的行棋情况。

图 **8**　考虑整体的应手

白△逼攻时，黑棋考虑到右边的三连星后，如何积极应对？

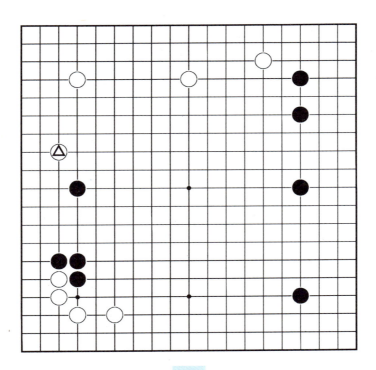

图8

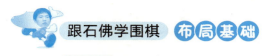

图 *9*　轻快的小飞

此时黑1小飞是轻快的应对手法，其后白2必须补棋，黑3、5连续飞出，黑棋压制白棋后，谋求中腹，结果是黑棋布局活跃。

小飞和大飞是压制对方的有力手段。

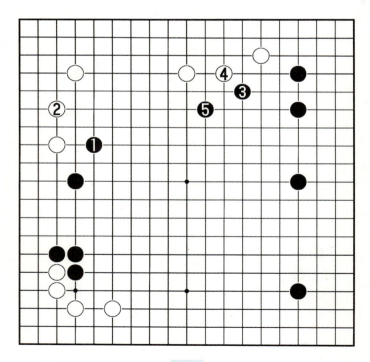

图9

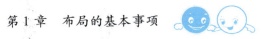

图 10 消极防守

单就左边来说，黑 1 防守是局部的本手，但现在白 2 飞封后，白棋抢占了大势点，黑棋落后一步。白 2 飞也让右边的黑棋三连星失色不少。

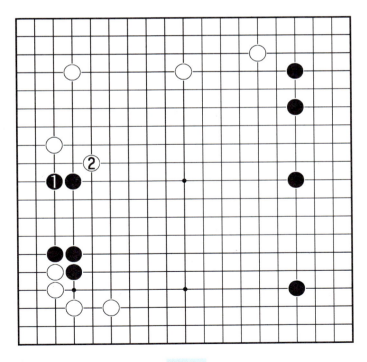

图 10

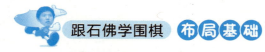
图 11　寻找大势点

　　黑△防守右上角是局部实地很大的棋，但从全局来看是方向错误，脱离了全局的焦点，那么此时白棋应如何追攻黑棋？白棋的大势点又在何处？

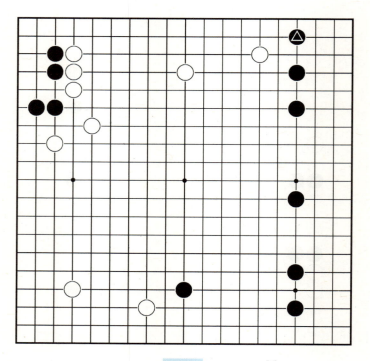

图 11

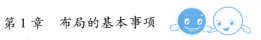

图 12　全局的急所

白 1 飞是全局大势的急所，由此可以将白棋的棋形立体化，并使右中腹的黑棋萎缩。既能让自己的棋形最大化，又能使对方棋形萎缩的位置就是大势点。

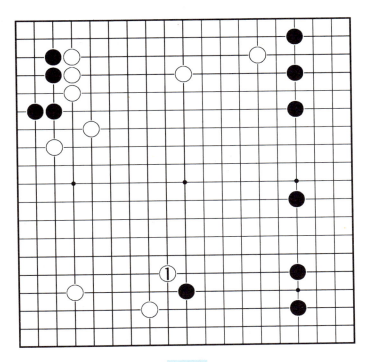

图 12

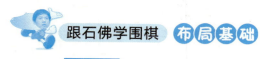

图 13　黑棋的正确方向

　　图 11 中的黑棋不迷恋角上实地，而下成本图中的黑 1 飞镇，是攻击白棋的急所。白 2 补棋时，黑 3、5 扩张上边，黑棋在右中腹形成了大模样。

　　在布局的最后阶段，双方在大势点的争夺中，小飞和大飞发挥了很重要的作用。

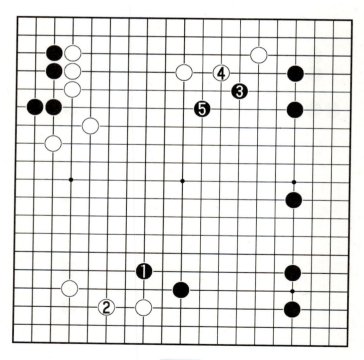

图 13

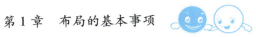

7. 防 守

高效的拆边、适时的扩张等一系列进行过程中，遇到对方的挑战时，如果防守不及时，以前取得的成果将全部化为泡影。

角的防守

图 1   保护角上的实地

角上的防守尤其是在布局的中期经常涉及，低飞、单跳、并、尖等是常用的行棋手法。图中黑棋不让白棋顺势走强，又能保护角上实地的防守手段是什么呢？

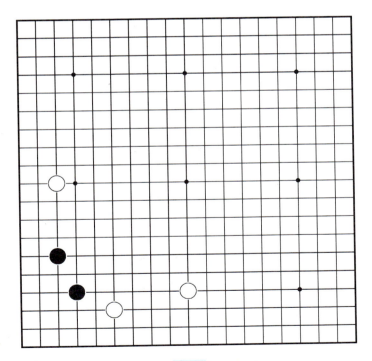

图1

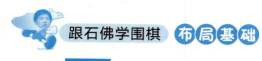

图2　帮对方下棋1

黑1尖顶是"下手的第一感觉"，其后黑3下立，黑棋虽可确保角上实地，但让白2挺头，黑棋明显有帮对方下棋的嫌疑，如非特殊情况，一般不要这样下。

白2挺头后，白棋可以与右侧的白△形成良好的呼应。

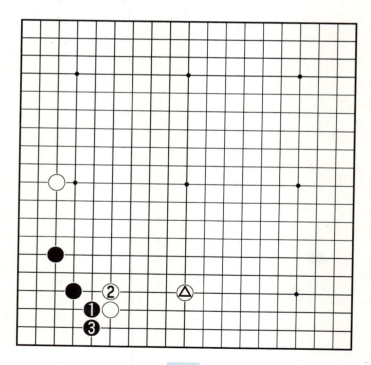

图2

图 3　帮对方下棋 2

黑 1 压虽然也可考虑，以下进行至黑 9，黑棋成功整理了角地，并且向中腹出头，结果要比图 2 好一些，但下边的白棋顺势走厚，黑棋接近于在帮对方下棋。

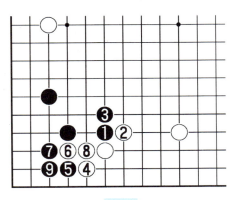

图 3

图 4　帮对方下棋 3

黑 1 低飞，虽可守角，但白 2 挡时，黑 3 必须补棋，白 4 跳是好形，黑棋无疑是在帮对方下棋，对白棋来说，白△所占的位置很好，可以满足。

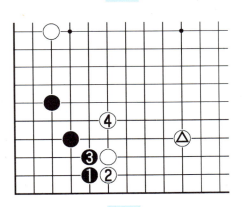

图 4

图 5　一间跳防守

黑 1 一间跳防守，不仅十分稳健，而且十分出色，黑棋由此可以确保角上约 15 目的实地，并且以后还有 A 位打入的手段。

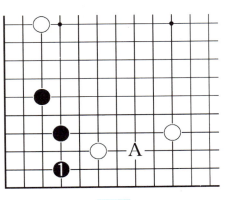

图 5

图 6　并的下法

黑1并也是很有力的下法，不过白2尖是绝对的先手官子，并且黑棋 A 位的打入手段被弱化，因此黑1的下法是仅次于正确答案的下法，所以如非特殊情况，应选择图5中一间单跳的下法。

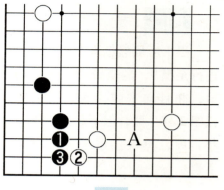

图6

图 7　变化

如果白△是在本图中的位置，黑棋没有后续攻击白棋弱点的手段时，黑1低飞的效果要比图5好。黑棋虽然也让白棋顺势走强，但由于白△棋形重复，所以不是帮对方下棋。

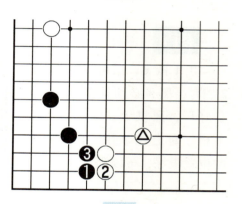

图7

图 8　其他变化

防守的手法应根据周边情况变化而及时改变。本图与图1略有不同，此时黑棋应如何守角？黑棋在守角时要考虑到黑△大飞存在的弱点，并且考虑到白△的强大厚势。

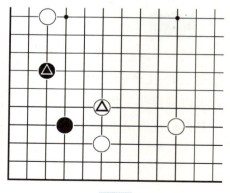

图8

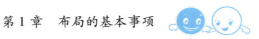

图 9　余味不好

黑 1 单跳补棋是第一感觉，白棋则利用白△，于白 2 刺，黑棋角上的余味十分不好，以后白棋如果活角，黑棋整体是浮棋，形势更加不利。

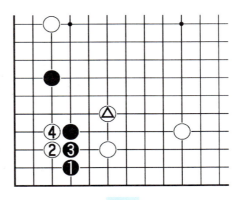

图 9

图 10　最坚实的防守

黑 1 立玉柱是最坚实的防守，黑棋的下法虽然有点粗糙，但可以消除对方利用的余地，防守十分严密。

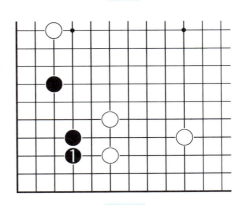

图 10

图 11　协同防守

本图的情况有点复杂，白△接近时，黑棋有 A 和 B 位的空门，防守面临难题，请问黑棋如何协同防守？

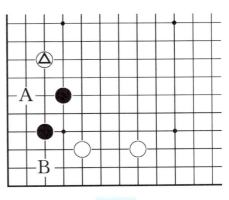

图 11

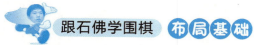

图 12　黑棋失算

黑1低飞，黑棋只能防守一处，因此黑棋失算。黑棋如果下在A位防守，白棋占B位后，黑棋仍然难受。黑棋在C、D位防守时，同样只能防守一处。

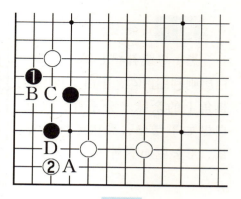

图 12

图 13　连续的俗手

黑1尖顶后，黑3继续尖顶是连续的俗手，让白棋的两侧都顺势走强，罪过实在太大，黑棋肯定不成功，加上以后白棋还有A位封锁的手段，黑棋十分不好。

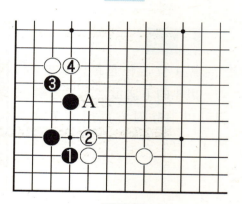

图 13

图 14　关门

黑1先手尖顶后，黑3立玉柱是正确的防守。黑棋做好角地的防守后，可以逆袭白△，这是与图13的不同之处。

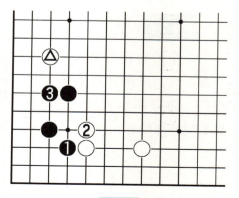

图 14

边的防守

图 15 逼攻时的防守

由于边地可以直通三个方向，因此边地的防守方法要比角地更加困难，变化更加多样。白△逼攻时，黑棋如果不补棋，以后白 A 飞或 B 位打入十分严厉，黑棋无法忍受，那么黑棋应如何防守呢？

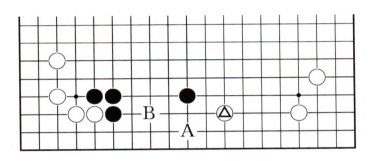

图 15

图 16 错误的尖顶（0 分）

黑 1 尖顶是中级水平的爱好者常用的下法，黑棋的进行看起来不错，但白 2 长，白棋得以顺势走强。黑棋有帮对方下棋的嫌疑，而且白棋还有 A 位打入的余味，因此黑 1 防守错误。

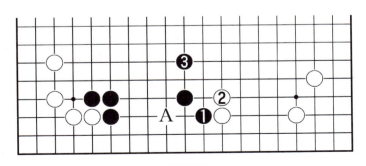

图 16

图 17 黑棋低飞 （70分）

黑1低飞也是一种下法，下边的黑棋得以巩固，结果要比图16略好，但让白2、4顺势走强，过于可惜，黑棋的下法可得70分。

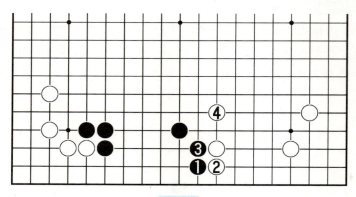

图 17

图 18 黑棋靠压 （30分）

黑1如果靠压白棋，白2、4时，黑5挡，黑棋可以防守下边，但右侧白棋越走越厚，黑棋留有A位的弱点，黑棋不满，只能得到30分。黑棋应优先考虑黑5的位置。

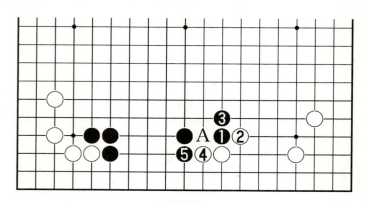

图 18

图 19 稳健沉着的下法

此时黑 1 立玉柱是稳健沉着的下法，与黑△保持的间隔是立二拆三的棋形，黑棋可以安定，以后黑棋有 A 位逆袭白棋的手段是较前面所有下法的不同点。

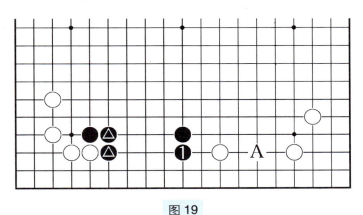

图 19

图 20 三路的防守

如果黑△拆在三路，白△逼攻时，黑棋必须防守，请问黑棋应如何下？

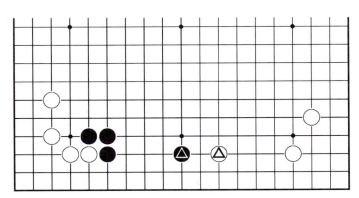

图 20

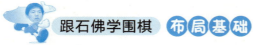

图 21   严厉的打入

黑棋如果不补棋，白棋以白△为后援于白1打入十分严厉，黑2、4封锁，白5下立后，白棋可以见合 A 和 B 位的渡过，结果黑棋实地不仅被破，而且根地被夺，变成了浮棋，十分被动。

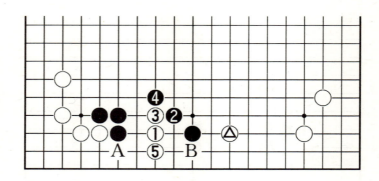

图 21

图 22   低效的防守

黑1补棋，虽然坚实，但效率太低，棋形过于拥挤。黑棋投入了五个棋子，仅围成了约8目棋，效率太低，而且还缺少发展潜力，黑棋十分不满。

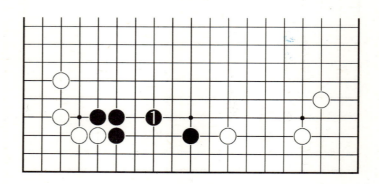

图 22

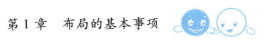

图 23　　有效的防守

黑 1 向中腹跳，是防守和扩张兼有的一石三鸟的好棋，以后黑棋还有在 A 位逆袭的手段。

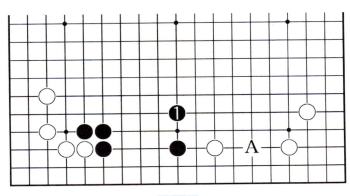

图 23

图 24　　及时的防守

黑 1 防守十分坚实，而且十分及时。因为左侧的白◻和右侧的白△十分强大，黑 1 补棋是最好的下法。

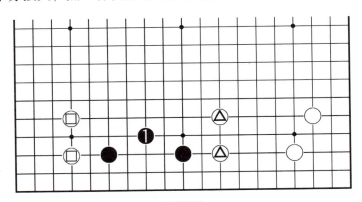

图 24

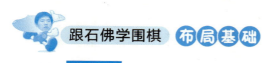

图 25 形同虚设的防守

周边白棋已经十分强大，黑1跳这样的防守形同虚设；白2打入后，黑棋十分困难。以后白6可以见合A和B位的渡过，黑棋变成了浮棋。在对方外势强大时，坚实防守是上策。

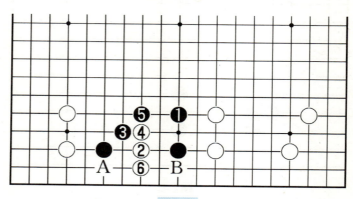

图 25

图 26 四路棋子受攻时的防守

白△逼攻四路的黑棋时，黑棋应如何防守？本图与图15虽然相似，但下边黑棋与白棋均是拆二的棋形，这是最大的不同点。

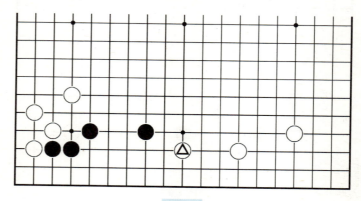

图 26

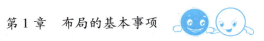

图 27　　立玉柱（80 分）

黑 1 立玉柱是不错的防守，但由于白△虎视眈眈，黑棋缺少后续手段，白棋反而有 A 位的先手官子手段，这令黑棋有点不满，黑棋的下法可得 80 分。

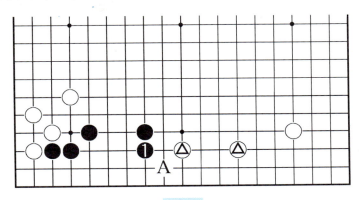

图 27

图 28　　低飞补棋

由于白棋十分强势，黑 1 低飞补棋并围取实地是比较现实的下法。

在防守时，一定要认真考虑对方棋子的配置情况。

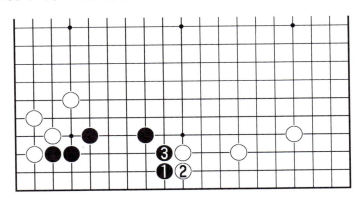

图 28

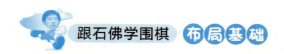

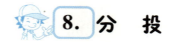

8. 分 投

以下我们学习如何牵制对方的势力范围，首先学习的是分散对方大模样的分投。

分投的重要性

图 *1*　分散对方的外势

图中白6是十分重要的下法，可以分散对方的势力范围，并可牵制对方，这一下法即是"分投"。白6如果下在A位，虽可威胁到黑棋的右下角，但黑棋在6位夹攻后，白棋受攻。

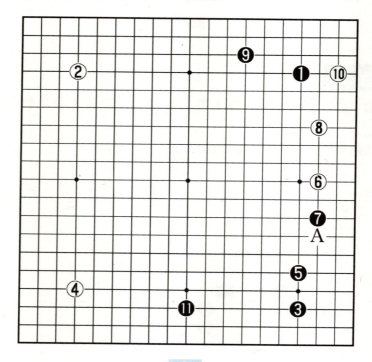

图 1

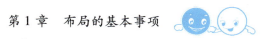

分投的方法

图**2**　牵制大模样的方法

下边的白棋很有发展潜力，此时黑棋应如何阻止白棋的膨胀？

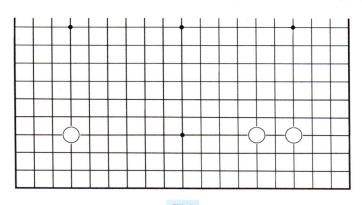

图2

图**3**　因小失大

　　黑1挂角是第一感觉，但白2在下边拆是绝好点，并可夹攻黑棋，此时黑3进角，以下进行至白12，黑棋虽然成功活角，但白棋构筑成了强大的外势，并在下边形成理想的棋形，很可能在右下角围成大模样，黑棋结果因小失大。

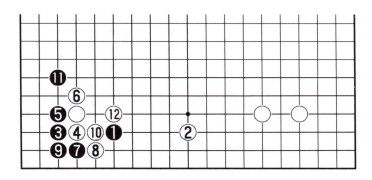

图3

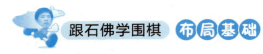

图 4　无理的逼攻

黑1逼攻是无理的下法，白2夹攻后，黑棋十分危险。以后两侧的白棋可以同时捞取实地和外势，而黑棋只能一心逃命。布局的主动权落入白棋手中。

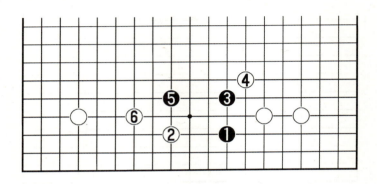

图4

图 5　温和的分投

黑1分投是温和而明智的选择。黑1以后，黑棋还有在 A 或 B 位拆二的手段。

分投时，应选择对方棋形的中央并在两边留有开拆的余地。

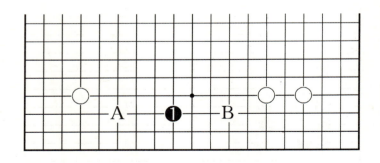

图5

图 6　白棋方向错误

黑△分投时，白棋会考虑逼攻，但本图中的白 1 逼攻是方向错误，黑 2 拆二后，白棋 A 位的空门成为被攻击的目标。

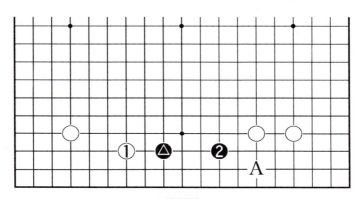

图 6

图 7　正确的逼攻

白棋以白△为后援于白 1 展开并逼攻黑棋是正确的方向，黑 2 拆二谋求安定，白 3、5 迫使黑棋棋形重复并伺机攻击黑棋是积极的下法，以下进行至黑 6，黑棋在补强自身后，可以伺机攻击白棋 A、B 位的弱点。

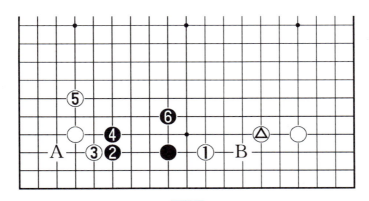

图 7

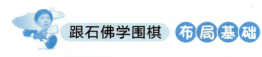

图 8 错误的分投1

黑1分投是错误的下法，白2逼攻后，黑3只能单拆，黑棋不仅受损，而且做活的空间也不大。以下进行至白6，白棋得到了很大的实地，黑棋的分投没有取得应有的效果。

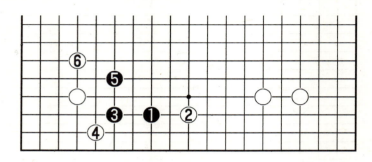

图8

图 9 错误的分投2

黑1分投，过于靠近右侧的白棋，也是错误的下法，白2、4攻击后，黑棋同样困难。分投时一定要在两侧留有开拆的空间。

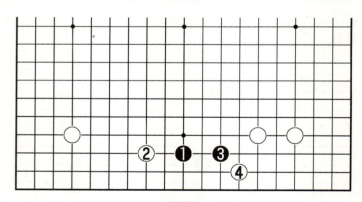

图9

9. 逼　攻

顾名思义，"逼攻"就是靠近对方的势力范围，伺机打入和攻击的手法。

逼攻的效用

图 1　打入和威胁对方根地

图中黑 13 和白 18 是拆边兼逼攻的下法，黑 13 是瞄着 A 位打入的逼攻，白 18 展开后，白棋有在 B 位飞，威胁黑棋实地和根地的后续手段。

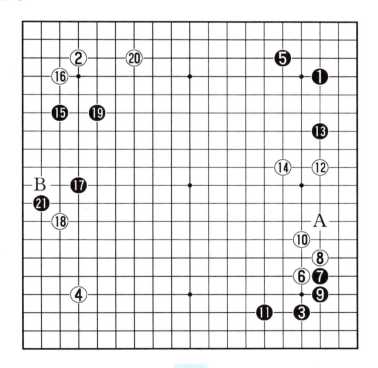

图 1

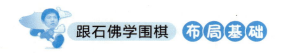

逼攻的种类

①争夺实地点

图 2 飞的位置

白棋的下一步很可能就是飞（即黑 1 附近的位置），与黑棋争夺实地。黑 1 如果不下，白 A 拆后，白棋不仅可以捞取实地，也是限制黑棋发展的绝好点，后续进行见下图。

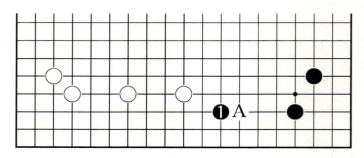

图 2

图 3 后门洞开

黑△逼攻时，白棋下在 A 位补棋是绝对点。白 2 如果脱先，则黑 3 飞后，白棋实地大损。

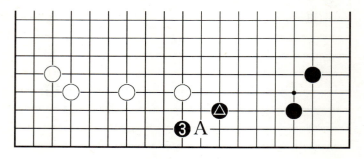

图 3 ②脱先

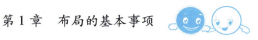

② 威胁根地

图 4 攻击性逼攻

黑1逼攻，比图2更加有力，这一位置不仅是实地的争夺点，而且还可威胁到白△的根地，攻击性很强。由于黑1具有威胁对方根地的作用，逼攻的威力倍增。

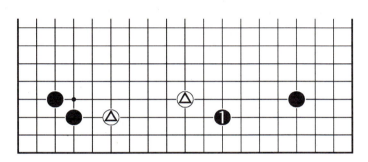

图 4

图 5 深入对方心脏部位

白2如果脱先，黑棋不下在A位，而于黑3突入白棋的心脏部位，以下进行至黑7，白棋实地和根地尽失，变成了浮棋。因此白2下在B位或7位是绝对点。

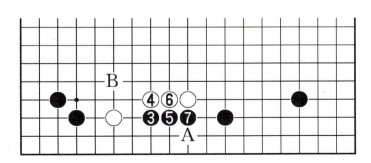

图5 ②脱先

121

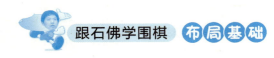

③伺机打入

图6 多目的逼攻

黑1拆二，看起来不大，实际上是不小于缔角的大场，在使右下角黑棋进一步加强的同时，还可伺机打入白棋，具有一石二鸟的战略价值。后续进行见下图。

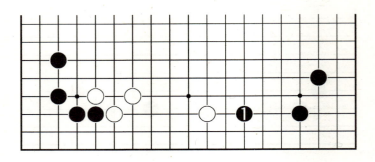

图6

图7 严厉的打入

白2如果脱先，黑3打入是严厉的手段，以下至黑13是唯一的次序进行，白棋实地大损。所以黑▲逼攻时，白2补在A位是本手。

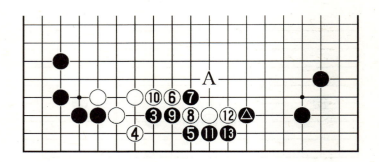

图7　②脱先

④瞄着攻击

图 8　**压迫性逼攻**

黑 1 拆不仅很大，而且对白△形成了强烈压迫，所以可以考虑。黑 1 如果下在 A 位对白棋的压迫感较弱，是缓手。

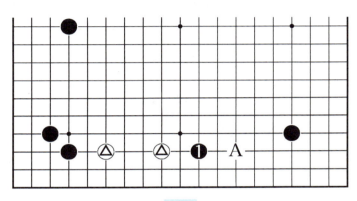

图 8

图 9　**通过压迫使利益最大化**

白 2 如果脱先，黑 3、5 是很好的攻击手段，白棋忙于逃窜时，黑棋在两侧均取得了不小的利益。因此白 2 下在 3 位或 4 位单跳是本手，也是大势点。

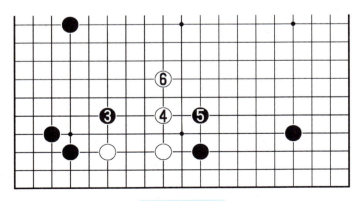

图 9　②脱先

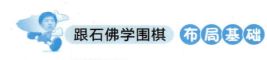

图 10 无谋的逼攻

并不是所有的逼攻均可以成立，图中白△十分坚固，此时黑 1 逼攻，明显是有勇无谋的表现。白 2 攻击后，黑棋十分被动，因此黑棋应在 A 位拆。

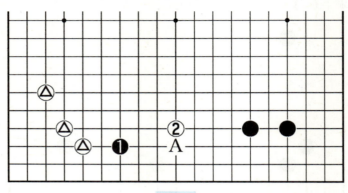

图 10

图 11 错误的逼攻

本图中左右两个黑 1 都是错误的逼攻下法。左侧的黑棋在白 2 补棋后，反而受到压制。右侧的黑棋距离白棋太远，给白棋以补棋的空间。

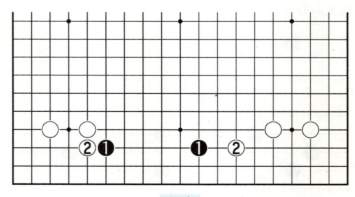

图 11

布局和定式

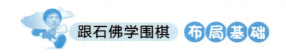

1. 布局和定式的关系

布局和定式之间存在什么关系呢?

很多情况下,我们都是将定式和布局分开讲述,其实是很大的错误。

定式是角部黑白双方的最佳下法,而布局则是从占角和挂角开始的棋局进行。因此定式在布局中占有绝对的比重,如果不懂定式,肯定不能构思出好的布局。同样的道理,不管定式掌握得多好,如果不能选择与布局相符的定式,局部虽然有可能成功,但从全局来说,棋子的效率肯定不行。选择与各种布局相适合的定式,是成功布局的有效途径。

本章中着重阐述了定式与布局不可分割的密切关系,以及布局中经常运用的基础定式。

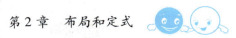

图 1 定式的选择

黑1靠是众多定式中的一种，白2以下至黑9是一种简单的定式进行，黑棋吃白棋一子可以得角，白棋先手吃黑棋一子也无不满。

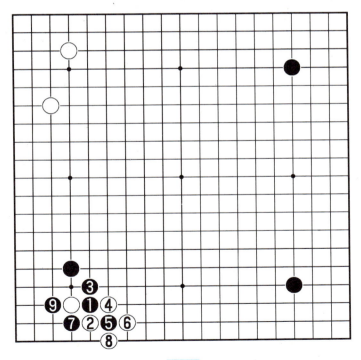

图 1

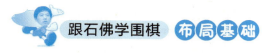

图 **2**　黑棋失败

　　黑棋如果不了解定式，而随手下出本图中的黑1尖，以下进行至白6是必然的进行。通过分析可以发现白棋获取了相当大的实地，而黑棋所取的外势则因白△的关系失色不少，黑棋明显布局失败，这是不了解定式招致的结果。

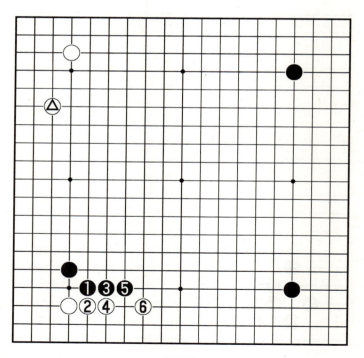

图2

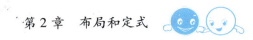

图 3　白棋失败

如果白棋也对定式不了解，黑 1 靠时，白 2 顶，以下至黑 7 是唯一的次序进行，结果形成了白棋自找被扳二子头的局面，而黑棋获得了很厚的外势。黑棋左侧的外势与右侧的二连星形成了呼应之势，威力相当大。

结果是白棋布局失败，这是白棋不了解定式所致，因此不懂定式，就难以下好布局。

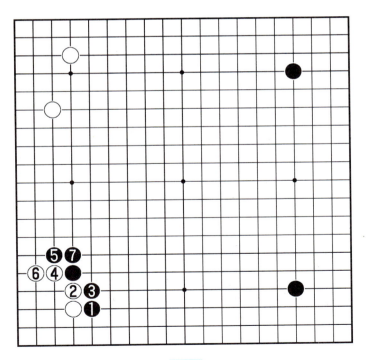

图 3

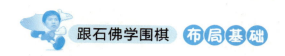

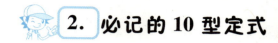

2. 必记的 10 型定式

图 1 定式是正确行棋的集合体

本图中左右两个定式是星和小目中常见的定式，定式是从白 1 挂角以及对方与之相应的应手开始。

定式是双方最佳行棋的结果，因此很多初学围棋的爱好者经常会背定式，因为在背定式的同时可以从中掌握正确的行棋原理和方法。

要想下好布局，必须熟练掌握正确的行棋方法，而要掌握正确的行棋方法，就必须牢记以下 10 型定式。由于篇幅限制，有关定式的更详细说明请大家参考专用定式书籍。

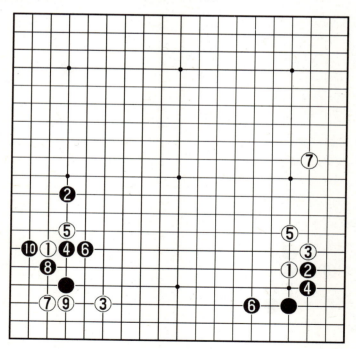

图 1

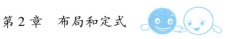

①星定式

[1 型]　小飞挂角—对称点应对

黑棋占星位时，白 1 小飞挂角是最常识性下法，而黑棋以星位为中心轴在白 1 的对称点黑 2 应是最通常的应手，也是好棋。以下进行至白 5 是星定式的基本型。

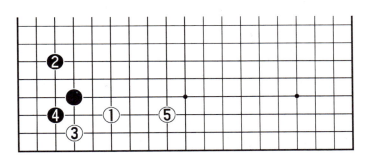

[1 型]

[变型定式]　协调关系

如果黑棋有黑▲存在，黑 2 单跳补棋是最好的下法，黑棋充分考虑到了黑棋棋子间的协调关系，提高了棋子的效率，更方便围地。

充分考虑周边环境的变化，及时调整棋子的姿态十分重要。

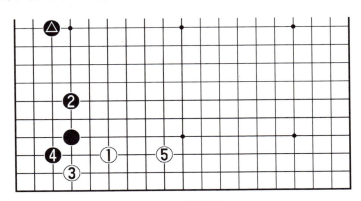

[变型定式]

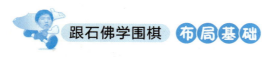

[2 型]　　小飞挂角—靠长

　　白1小飞挂角时，黑2、4靠长也是基本定式的一种。其中白7也有可能下在A位，黑8如果下在B位，则距离过远，不好。

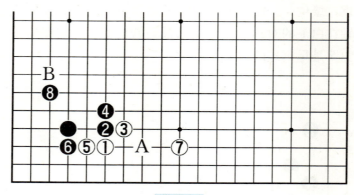

[2 型]

[伪定式]　　大恶手

　　前图中的黑8如果下成本图中的黑8拐是下手经常易犯的错误，是大恶手，白9补棋后，白棋可以自然消除A位的弱点，黑棋结果是在帮白棋下棋。

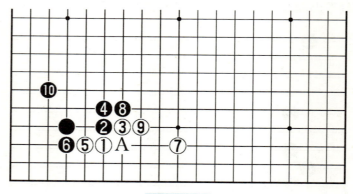

[伪定式]

[3 型]　小飞挂角—靠挡

黑 2 靠后，黑 4 虎挡也是经常使用的定式，由于是笔者构思并使之流行，因而也有"李昌镐定式"之称，棋形虽然不是很好看，但优点是角上的实地很坚实。

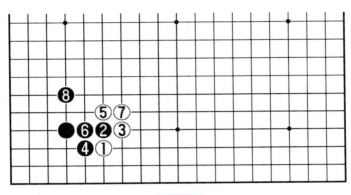

[3 型]

[变型定式]　白棋取实地

前图中的白 7 连接如果下成本图中的白 7 下立也有可能，黑 8 必须断，以下进行至白 15，定式告一段落。其中黑 14 如果下在 A 位挡，白棋则有进角的余味。

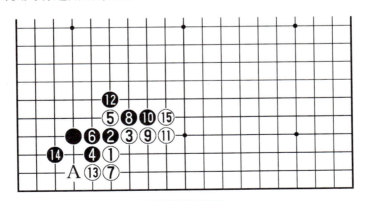

[变型定式]

[4型] 缔角中的弱点

白1小飞挂角时，黑2一间夹攻是取外势的下法，白3点三三进角后，黑棋先手构筑外势。特别是黑4挡的方向和黑6的应手十分关键。其中黑2也可能下在A、B、C、D中的任何一个位置。

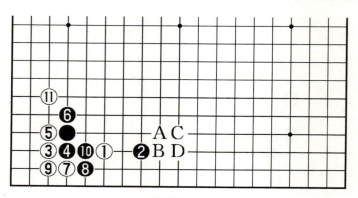

[4型]

[变型定式] 其他挡的方向

如果黑棋有黑▲存在，黑4挡是好棋，以下进行至黑8，黑棋可以最大限度发挥黑▲的价值，并在左边构筑大模样。

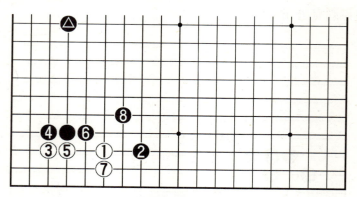

[变型定式]

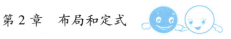

[5 型]　一间高挂—对称点应对

白 1 一间高挂是取外势时的常用下法，不仅可以抑制黑棋的夹攻，也可对黑棋的外势进行牵制。黑 2 在对称点应是好棋，如果想下得更坚实一些，也可考虑下在 A 位，以争取先手。

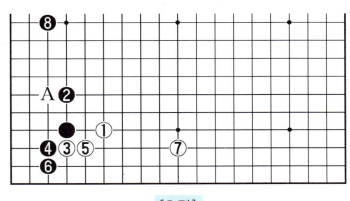

[5 型]

[准定式]　黑角对白边

黑 2、4 靠退的下法也有可能，但会让边上的白棋走强，因此黑棋的这一选择很难说比前型好。黑棋的角地仍有白 A 打入的余味，角地仍不完整。

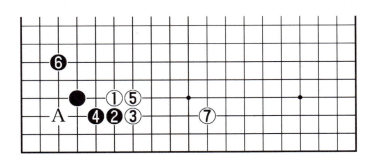

[准定式]

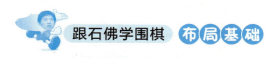
[伪定式①] 典型的帮对方下棋

黑2顶是中级水平的爱好者在实战中最常出现的俗手，以下进行至白5，看似定式进行，实际上黑棋大损。

白3挺头是黑棋帮对方下棋的结果，以后角上还有白A打入的余味。

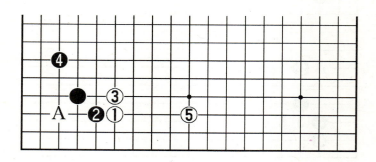

[伪定式①]

[伪定式②] 贪欲导致大损

黑2尖顶后，黑4夹攻，看起来十分可怕，实际上是黑棋的贪欲，是大无理棋，白5以下进行至白19，白棋利用弃子将黑棋完全封锁，黑棋十分凄惨。这是黑4导致的结果。

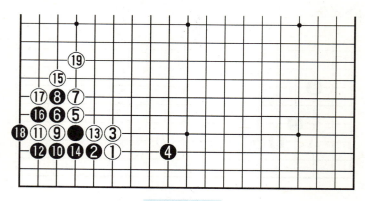

[伪定式②]

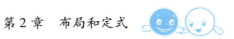

②小目定式

[6型]　小飞挂角—小尖应对

黑棋占小目时，白1小飞挂角是常用下法，此时黑2尖是十分坚实的应对手法，白3补棋后，黑4拆边，双方的进行十分温和。

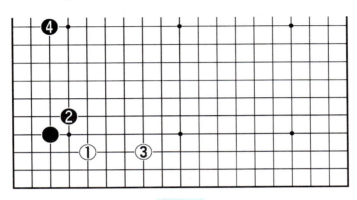

[6型]

[变型定式]　黑棋取实地

白3时，黑4尖顶后，黑6补棋是将角地最大化的有力手段。由于白棋下成了立二拆二的棋形，黑棋的进行还说得过去，如果白3是在A位，黑4尖顶则成恶手。

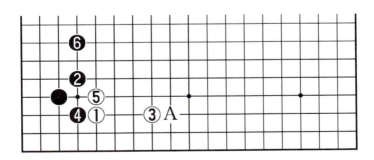

[变型定式]

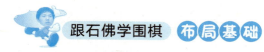
[7型] 小飞挂角—夹攻

白1小飞挂小目角时，黑2夹攻是更积极地应对手法，此时白3尖出，避免被黑棋封锁是高效的整形手法，黑6展开后，白棋在A位反夹是通常下法。

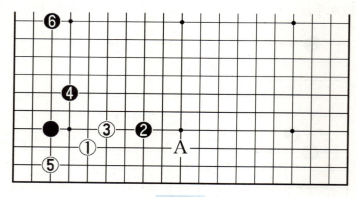

[7型]

[变型定式] 作战型定式

黑2夹攻时，白3二间跳也很有力，黑4是通常的应对方法，白5反夹，以下进行至白9后，白棋以外势为后援于白11围攻黑棋两子，以后双方必然发生复杂的战斗，黑棋由于已先占了角和边上的实地，也无不满。

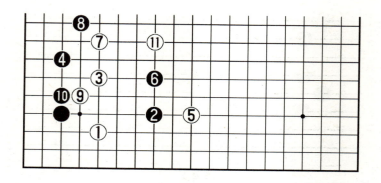

[变型定式]

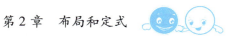

[8 型]　一间高挂—小飞应对

　　为了不让黑棋夹攻，白 1 一间高挂也可考虑，此时黑 2 小飞应对是最平常的下法，也很坚实，以下进行至白 7 （或 A），双方的进行比较温和，其中黑 6 虎十分关键。

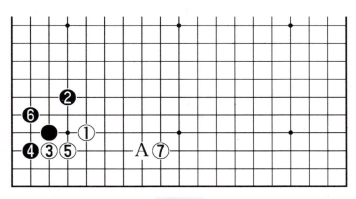

[8 型]

[变型定式]　黑棋取实地

　　黑 2 一间低补的下法也有可能，白 3、5 时，黑 6 可以下立，黑棋在实地上多少占点便宜，但中腹的出头不如上图有力。

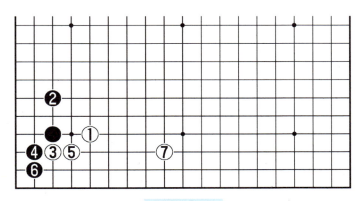

[变型定式]

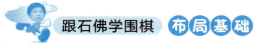

 [9型] 一间高挂—靠退

白1一间高挂时，黑2、4靠退是实战中最常出现的坚实下法，以下进行至白7，黑棋的角地十分坚实，而白棋的边地也已安定。

白5下在A位虎后，白7在B位展开也有可能。

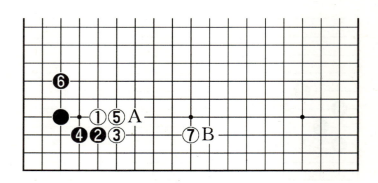

[9型]

[变型定式] 实地外势兼备

黑2、4从上方靠退的下法也可考虑，以后白5虎时，黑6、8再占取角地，并可伺机在边地谋求发展。其中白3下在A位靠也是很有力的变化，这一点应该考虑到。

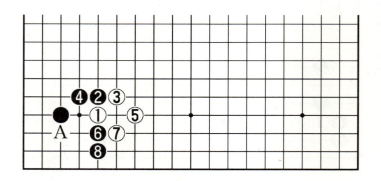

[变型定式]

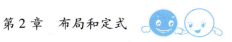

[10 型] 一间高挂—夹攻

白 1 挂小目时，黑 2 夹攻是最具代表性的下法，白 3 以下至白 15 是大家应该牢记的应对次序，其中漏失任何一手棋都有可能受损。

黑 2 也可能下在 A 位二间高夹，不过这是非常复杂的棋形。

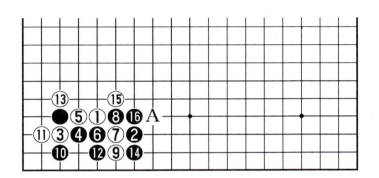

[10 型]

[变型定式] 简明的挂角

黑棋如果不愿出现复杂的定式，白 3 时，黑 4 可以考虑扳在内侧。其后白 7 是可以见合左右的绝好点。

黑 8 如果下在下边，白 A 是急所，黑棋痛苦。黑 10 如果下在 B 位补棋，位置过低，不好。

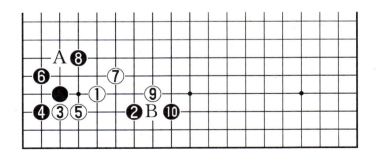

[变型定式]

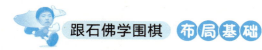

[伪定式①] 典型的帮对方下棋

小目定式中同样有伪定式，白1小飞挂角时，黑2尖顶是典型的恶手，让白3顺势走强。

以下至白5是必然的进行，白棋的外势要比黑棋的实地更好，与前型的定式相比后，很容易看出谁好谁坏。

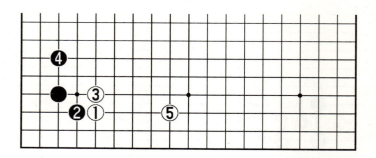

[伪定式①]

[伪定式②] 典型的俗手

白1一间高挂，黑2补棋，白3时，黑4顶是典型的俗手，黑棋肯定不好。

以下进行至白9，白棋独占角地，白棋的实地很大，而黑棋还存在A、B、C等处被利用的手段。

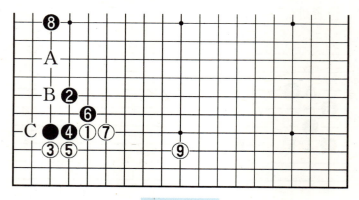

[伪定式②]

3. 定式的选择方法

记住定式后，并不意味着马上就能下出好的布局，在定式选择时，如果不考虑周边的条件变化，一味追求角部的变化以及局部利益，这是只见树木不见森林的思想，结果肯定是错失大势。

图 1   定式选择要换位思考

图中黑△挂角时，白△同样以挂角应对。此时黑棋的应对方法虽有多种，但是黑棋在选择时一定要考虑与左下角的连贯性，否则即使局部得利，全局很可能受损。

那么请问黑棋正确的下法是什么？

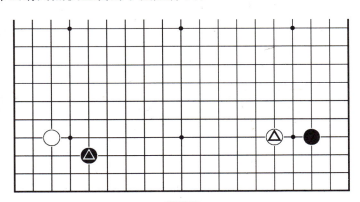

图1

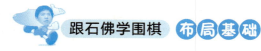

图 2 短视下法

黑1、3靠退，黑棋虽可确保角上的实地，局部来说肯定是好棋，但白6展开并对黑△夹攻后，白棋掌握了布局的主动权。

因此黑棋在本图中的下法是0分，定式选择错误。

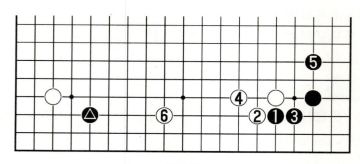

图2

图 3 成功的战略

黑1夹攻是正确的下法，白棋依常识于白2靠，黑3、5封，然后黑7扳，以下进行至黑19是定式的唯一次序，黑棋在下边构筑成理想的棋形，结果是黑棋布局成功。

白棋局部虽然没有受损，但从全局来说，落后一步，黑棋的全局战略取得了成功。其中黑1先下在左下角3位封也有可能。

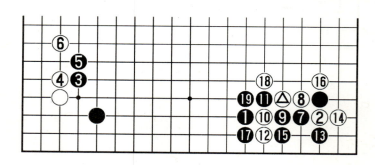

图3

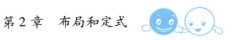

图 **4**   求稳？夹攻？

我们再分析一种情况，白△挂角时，黑棋是选择在 A 位飞，还是在 B 位夹攻？在 A 位飞，是黑棋求稳的下法，在 B 位夹攻是积极的攻击下法。

黑棋在考虑问题时一定要想到左下角的情况。

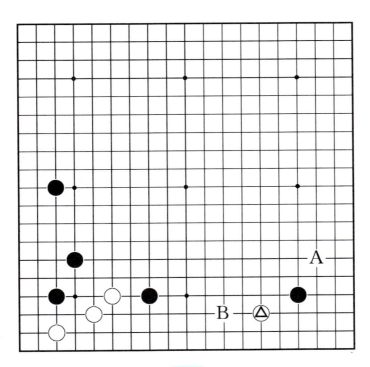

图 4

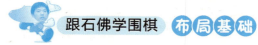

图 5　白棋掌握主动权

黑1飞补，局部来说十分稳健，也是好棋，但却不是正确的下法。白2拆边并有夹攻黑△的作用，是绝好点，结果是白棋掌握主动权。

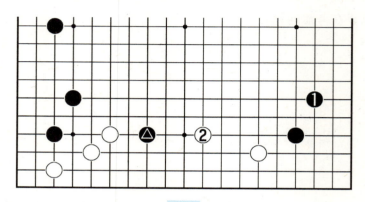

图5

图 6　积极主动的下法

黑棋如果想掌握布局的主动权，黑1夹攻是正确的下法，以下进行至白10，白棋成功在右下角活棋时，黑棋得到先手，于黑11尖攻，黑棋局面领先。黑11不仅巩固了自己的下边，而且还可威胁白△的根地，是攻守的要所。

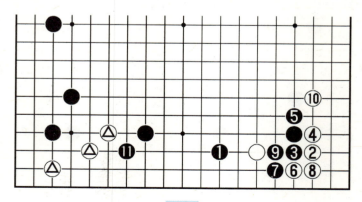

图6

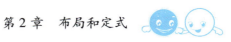

图 7　典型的让子棋下法

　　我们再来分析一个简单的局面，下图是让四子棋中经常出现的棋形，也是许多中级水平爱好者十分熟悉的棋形。

　　右下角的靠长定式进行后，白△在左下角挂角，此时黑棋应如何补棋？

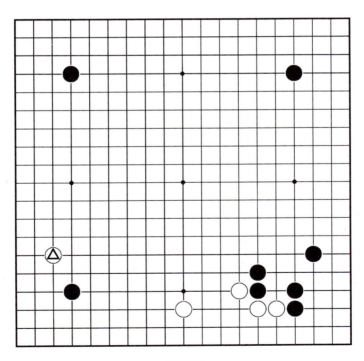

图 7

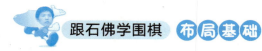

图 8   照搬定式

黑1靠是条件反射性下法，在此却是错误。以后黑5时，白6逼攻，黑7、9守角，白10展开，结果白△是一举两得的绝好点。下边白棋的棋形十分好，白棋的效率很高，而黑棋由于没有考虑到周边棋子的情况，只是照搬定式，结果失败。

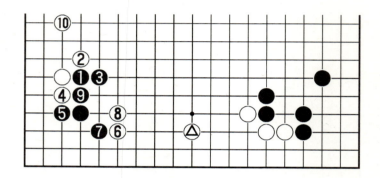

图8

图 9   粉碎白棋的企图

此时黑1补棋是好棋，可以完全粉碎白棋的企图，以后黑棋还有黑A的攻击手段。这种该防守时选择稳健防守、该夹攻时积极夹攻的下法，是布局成功的关键。

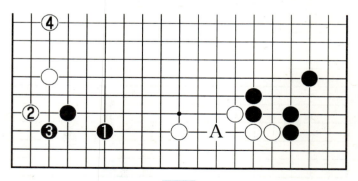

图9

布局的秘诀

1. 视野越开阔越好——综观全局
2. 只想得不想失，肯定会输棋
3. 不要下出浮棋
4. 不要趴在失败线上
5. 不要过于靠近对方
6. 棋形不要重复
7. 棋形不要过于偏重一边
8. 要保持高低的平衡
9. 不能因小失大
10. 漏风之处不成目
11. 不能被关住
12. 遇强则避

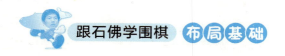

下好布局的 12 条守则

下好布局，必须具备良好的大局观、出色的实地感觉、熟练使用定式的能力等诸多要素。

本章就如何下好布局，归集了 12 条守则，目的是方便大家理解。

这 12 条秘诀，不仅适用于初中级水平的爱好者，同样适用于职业棋手，可以说是布局的金科玉律。

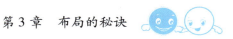

1. 视野越开阔越好——综观全局

图 *1*　永远第一的大局观

布局守则中的第一要点就是要有综观全局的大局观，不能一叶障目，不能做近视眼，下图就是很好的案例。

右下一带进行告一段落后，下一手黑棋应下在何处？

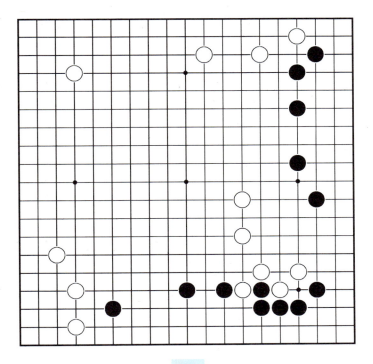

图1

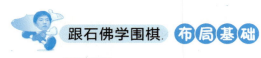

图 2 黑棋因小失大

黑1渡过是因小失大的出发点，白2是十分重要的急所，以后黑3、7、13、19虽然紧咬白棋不放，但白6、12、16、18全部抢占要点。

黑棋在右下一带可得实地约30目，加上其他地方的黑棋目数，黑棋的实地也就只占棋盘的1/3，其余则可能是白棋的实地，尤其是白棋在左边和中腹一带所形成的巨大空间会让人联想到太平洋的宽阔。

正由于黑棋的近视，没有全局的眼光，导致双方的差距高达100目左右。

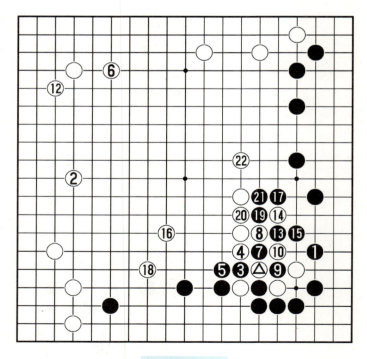

图2 ⓫ = △

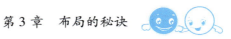

图 3　　开辟新天地

布局时在某一地方暂告一段落后，应及时转移视线，寻找全局的下一个热点。

图中黑棋没有在右下角一带继续停留，而于黑 1 或 A 位开辟新天地是具有大局观的下法。

如果一时不能发现全局的重点，不妨抬起头，向远处平视一下，开放一下自己的视野。

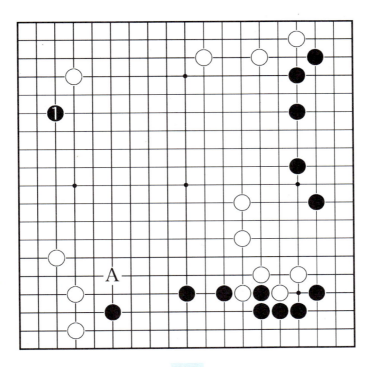

图 3

153

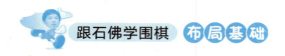

2. 只想得不想失，肯定会输棋

图 1 扩张自己？打入对方？

图中白△扩张上边白棋，此时黑棋面临选择，是扩张自己，还是打入对方？黑棋应如何下？

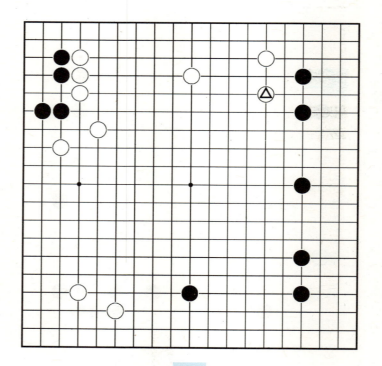

图1

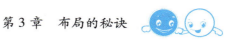

图 2　随手打入是禁忌

黑 1 打入白棋的心脏部位看似很厉害，实际上是缺少大局观的无理棋，白 2 封后，黑棋被彻底包围，形势十分危急。以后黑 3 至黑 15，黑棋尽力挣扎，终于做出两眼活棋，但黑▲两子受到了伤害，使非常有发展潜力的右边变薄，黑棋是典型的因小失大。

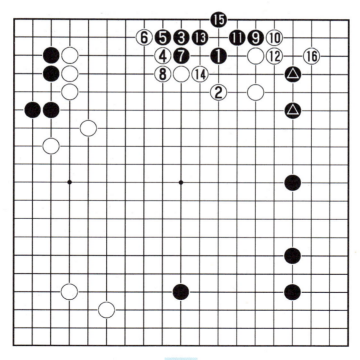

图 2

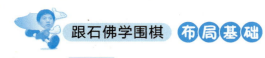

图 3 有得有失

如果过于看重对方的势力范围，只想得不想失是十分危险的想法。

在对双方的棋形进行初步估算后，发现自己的形势并不落后，就应果断与对方展开正面对决。

图中黑 1 是大势的要点，白 2 如果补棋，黑 3 再飞，如果形成这样的分界线，右边的黑棋要比上边白棋好很多，黑棋可以轻松确立胜势。

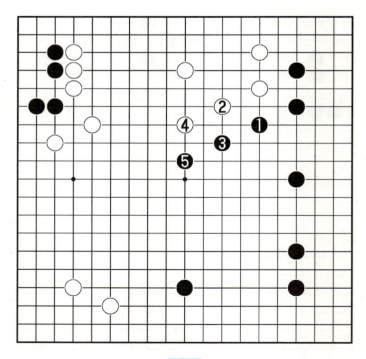

图 3

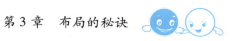

3. 不要下出浮棋

图 **1**   是宽？是窄？

行棋宽阔并不是在任何时候都可通用，有的位置虽然很窄，但却是具有战略价值的大场。

下图中黑白双方只进行了有限的几手棋，现在白棋可下的位置很多，但具有战略价值的只有一处，请问白棋应如何下？

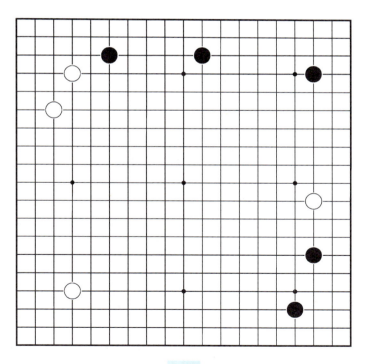

图 1

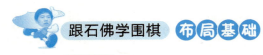

图 2　失去根地的浮棋

白1在下边展开，由于可以见合中腹，肯定是全盘最大的大场，但现在却是方向错误。

黑2逼攻后，白△失去根地，变成了浮棋，只能向中腹逃窜。白3、5无奈向外逃跑时，黑4、6追击，右中腹一带变成了黑棋的势力范围。

由于黑△的牵制，白棋仍然无法安定。

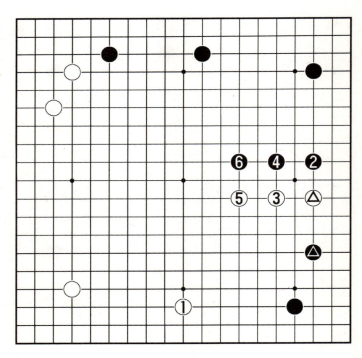

图2

图 **3** 急所优于大场

白 1 在右边拆二是绝对点，这一位置单从实地大小来看，虽然不及 A 位大，但由于可以生根，其战略价值不比 A 位小。白棋安定以后，自然分解了右边黑棋的发展。

在布局阶段过早下出浮棋，并受到对方的猛攻，很容易错失大势，因此棋子的安定要优于单纯的实地价值，即"急所优于大场"。

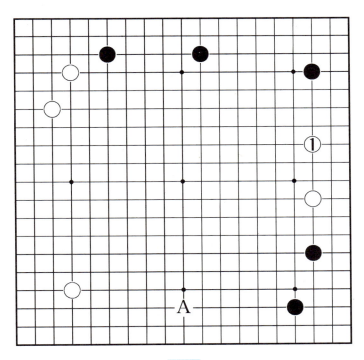

图 3

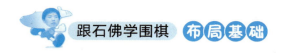

4. 不要趴在失败线上

图 1 二路是失败线

大家已经知道，在二路每下一子，只能增加 1 目棋，棋子的效率十分低，因此二路称为"失败线"。

布局中在二路爬肯定是禁忌。下图中左下角黑棋点三三进角的定式正在进行中，白 4 扳时，黑棋应如何处理？

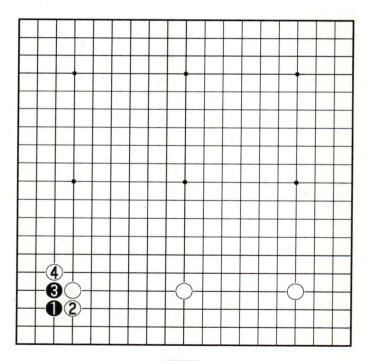

图 1

4

 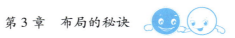

图 2　位置太低

其后黑 1、3 的应对是当然的下法，黑棋看似得到了先手之利，但是黑棋的进行一直是在二路上，以下进行至白 10，黑棋的所得寥寥无几，而外侧的白棋很厚，黑棋无法与白棋相比。

黑棋失败是因为黑棋的位置太低。

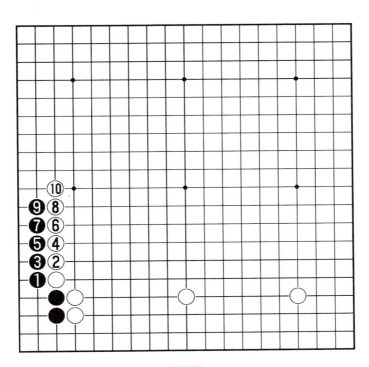

图 2

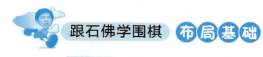

图 **3**　二路最多只能下两手

黑 1、3 下两手后，黑 5、7 扳接，进行至此告一段落是初盘的守则，也是定式进行。

二路不管爬多少手，因为每手棋只有 1 目的收益，而付出的代价则是让对方获取强大的外势，因此在布局阶段应尽量避免。

不得已必须在二路爬时，最多只能像本图一样下两手即可。

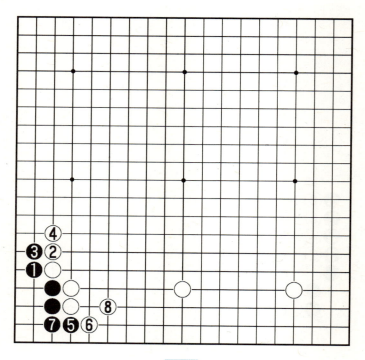

图 3

5. 不要过于靠近对方

图 1　典型的恶手

黑 1 挂角时，白 2 夹攻，大多数中级爱好者都下成黑 5 以下的进行，黑棋连续长，让白棋顺势在四路长，白棋可以获得很大的实地，这是布局的一种禁忌。

很多人会问黑棋不是可以利用强大的外势于黑 11 夹攻白棋吗？但由于白棋的实地太大，白 12、14、18 利用后，黑棋所吃的白棋一子，价值不是很大。

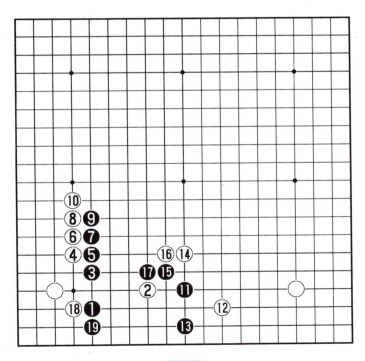

图 1

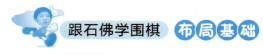
图 *2* 简明的定式

　　黑棋可以选择本图中的简明定式。本图中黑棋如果于黑 A 长，白 B 顺势长后，白棋可以自然消除 C 位的弱点，无形中黑棋是在帮白棋下棋。

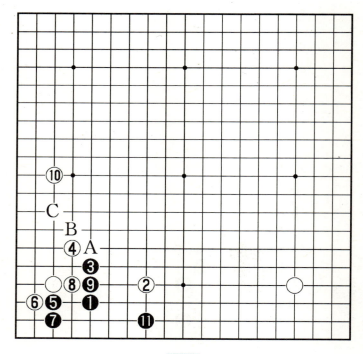

图2

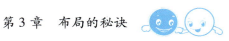

图3 　三路长也是帮对方下棋

　　黑棋三路长，让白棋顺势在四路长，白棋同样可以获得强大的外势，黑棋同样是恶手。图中黑7、9、11下得越多，黑棋越损。

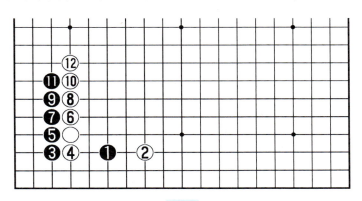

图3

图4 　三路最多只能下三手

　　下图是图3的正确定式次序，从中可以发现，黑棋并不是一味跟着白棋在三路长，黑11采取了跳的下法，这样黑棋可以领先白棋一步。

　　黑棋在三路长，白棋在四路跟着长时，普通的下法是黑棋连下两手或三手，然后再采用跳的下法。

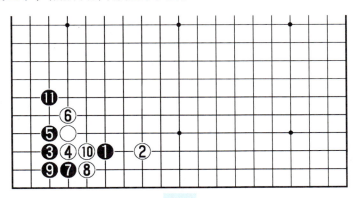

图4

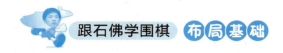

6. 棋形不要重复

图 **1**　外势的利用方法

　　棋形重复是指棋子过于拥挤，棋子的效率不高，尤其在重视棋子效率的布局阶段，棋形重复与否直接关系到棋局的成败。

　　图中白△分投，牵制黑棋的外势，黑棋如何利用强大的外势，从左右哪一侧逼攻白棋？

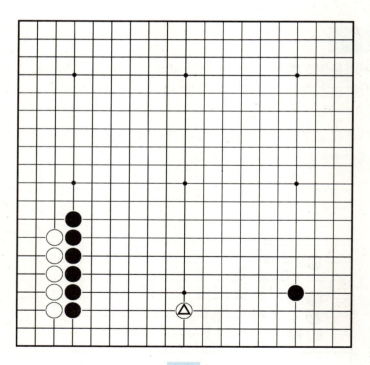

图1

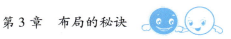

图2　*棋形重复——效率极低*

黑1逼攻是低手的下法，白2拆二后，白4跳出，白棋可以轻松安定。

相反，左侧黑▲强大的外势与黑1拆三的棋形组合，下成了立六拆三，棋形严重重复，黑棋委屈得有想哭的感觉。

黑棋棋形重复，布局的结果肯定不好。

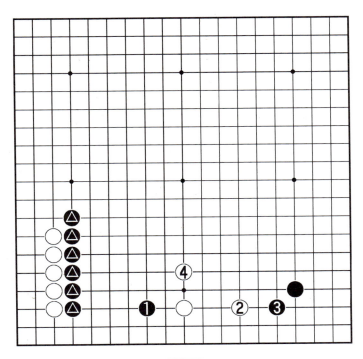

图2

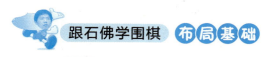
图 3　利用外势攻击

　　黑 1 逼攻是正确的方向，即将对方逼向自己外势强的一侧是下棋的基本原理，白 2 拆二，黑 3 封镇继续攻击白棋，白 4 跳时，黑 5 再次封镇。黑棋充分发挥黑△外势的作用后，白棋十分危险。

　　外势十分强大时，如果只想一心一意围地，很可能会被对方利用，导致棋形重复，因此应充分利用外势攻击对方。

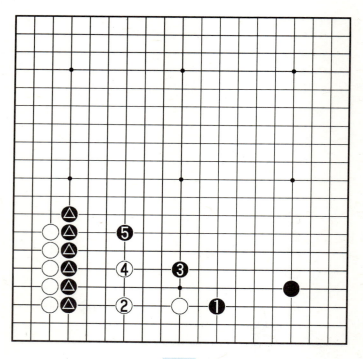

图 3

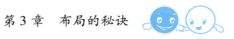

7. 棋形不要过于偏重一边

图 **1**　过于集中在三路

　　棋形如果过于偏低，棋子的效率也会受到影响，这也是布局的一大禁忌。

　　图中黑 1 在三路占大场，看似好棋，但黑棋实际上是错误的布局，是大缓着。

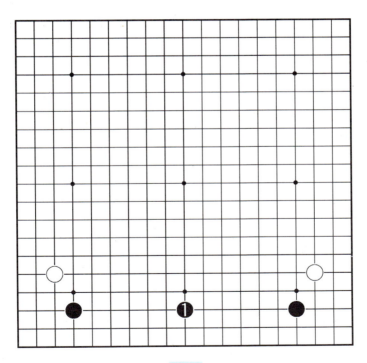

图 1

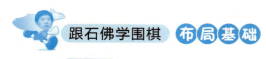

图 **2**　位置太低

　　白 1 至白 7 是将黑棋压在低位的有力手法，白 9 以下进行至白 29，白棋又巧妙地将黑棋与黑△压缩在一起，结果是黑棋勉强在下边围地活棋，而白棋则构筑成强大的外势，以压倒性优势取得了布局的成功。

　　因此在三路这样低的位置绝不可能围成大块实地，即使能围成部分实地，也会让对方构筑成强大的外势，得不偿失。

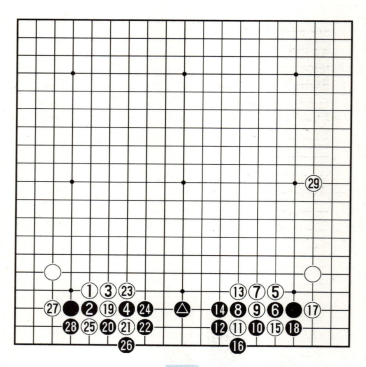

图2

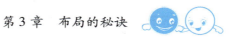

图 3　三路与四路的平衡

下图中黑 1 是大势的急所，白 2 也是必补的位置，黑 3 尖，白 4 补，其后黑 5 展开，黑棋有可能在下边围成大块实地，也不用担心白棋围成强大的外势，这是与图 2 的不同。

其中白 4 如果下在 5 位分投，黑棋下在 4 位夹攻十分严厉。因此，喜欢实地可以有所侧重，但要保持棋子的平衡，不能过分偏于一隅，否则将错失大势。

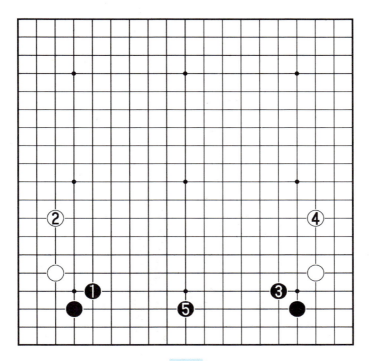

图 3

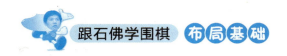

8. 要保持高低的平衡

图 *1*　三路与四路的协调

白1在左边展开，将白棋利益最大化是正确的进行。从白△和白⬡都在三路这一特点出发，白1展开考虑到了棋子的高低平衡，是效率很高的下法。

在布局阶段，一定要考虑到三路和四路的协调关系，高效地构筑势力范围。

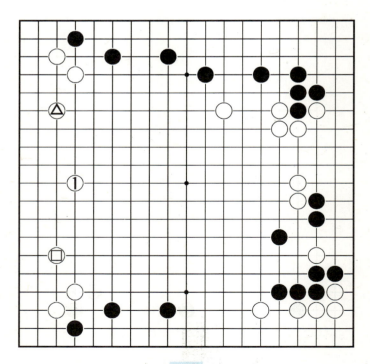

图1

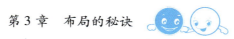

图 2　白棋重复

　　白棋如果于白 1 低拆，则无形中限制了自己的发展。以后黑棋在 A、B 等位侵消，白棋将被搜刮，难以围成大块实地。

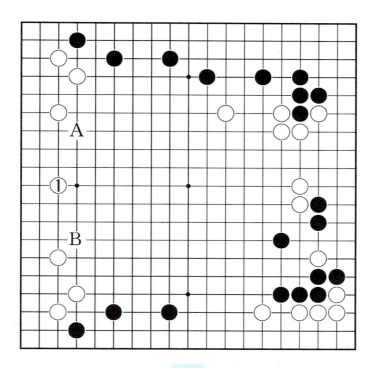

图 2

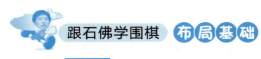

图 3 根据配置及时调整

黑1、3进行后，黑棋普通的下法是下在 A 位，但考虑到与黑△的协调，并谋求实地的最大化，黑棋及时进行了调整，于黑5高飞。

黑棋不仅多围了实地，并且中腹的发展潜力也不错。

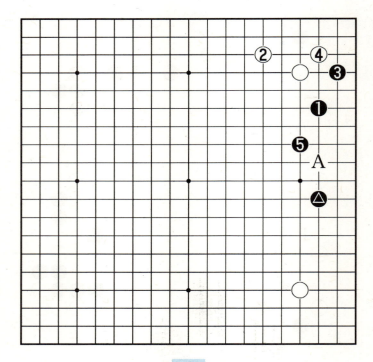

图3

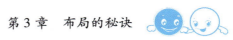

9. 不能因小失大

图 1　不能因小失大

下图中黑棋面临选择，黑棋应如何下？

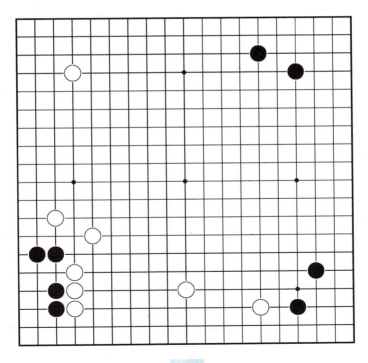

图1

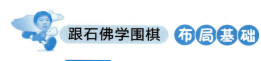

图 2 过于重视右边

黑1是重视右边的下法，看似很有道理，实际是布局方向错误。黑棋的局部实地的确较大，但白2、4应对后，白6、12抢占大势点，局面的主动权已向白棋倾斜。黑棋的全部"家当"都集中在右边，总计也就50多目，而白棋从下边到中腹再到上边所构筑的外势价值可达100目。这是因为黑棋过于重视右边的缘故。

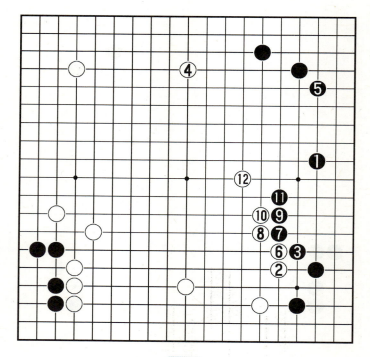

图2

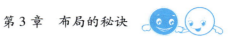

图3　平均分布

图中上边是当然的大势要点，黑1、3构筑上边，白4分投，黑5则继续捞取实利。

以下进行至黑7，可以发现黑棋的各处实地都很坚实，而白棋则显得有点分散，结果是黑棋布局占优。

在布局阶段如果能将自己的势力范围坚实地平均分布，不仅可以围到实地，而且也有利于以后的中盘战略。

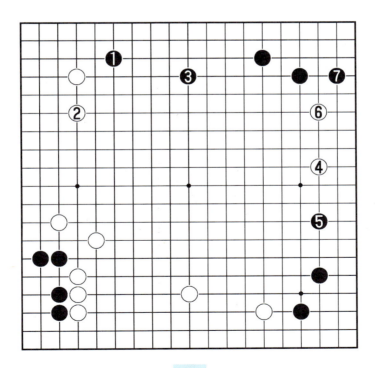

图3

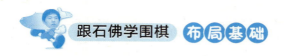

10. 漏风之处不成目

图 1　漏风之处不成目

　　我们所说的漏风是指在二路边地对方仍有潜入或官子手段的棋形，如果二路仍未封锁，就不可能围成实地。

　　图中黑棋在左下角一带已构筑成强大的外势，似乎可以以此为后援大块围地。此时黑棋应如何在左边或下边进行策动？

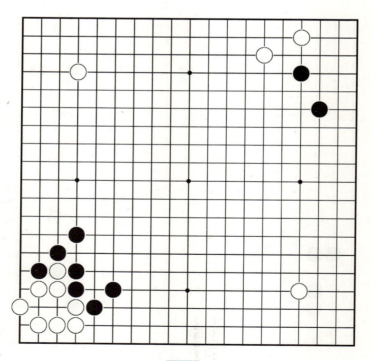

图 1

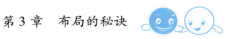

图 2　黑棋失算

黑棋看似左边和下边都可以选择，其实不然。

黑棋如果想围下边，于黑 1 挂角就是方向错误，以下进行至黑 5，黑棋虽然略具雏形，但白 6 潜入后，黑棋根本无法围成实地，这就是典型的"漏风之处不成目"。

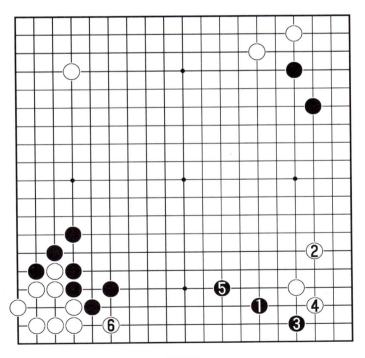

图 2

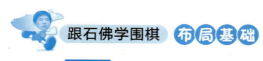

图 3 　正确的下法

此时黑1在左上角挂角是正确的下法，以下进行至黑5，黑棋构筑成理想的棋形，以后白A时，黑B可以及时封挡，这是与图2的根本不同。

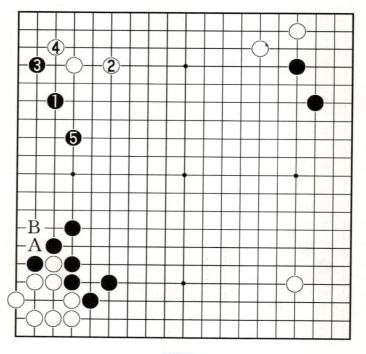

图3

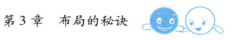

11. 不能被关住

图 1　不能被关住

不能被关住，就是提醒大家在布局时避免被对方封锁。在布局阶段，如果被对方封锁，并让对方获得了强大的外势，自己的死活会受到威胁，肯定十分被动。

图中黑▲逼攻时，白棋正确的选择只有一处，请问白棋应如何下？

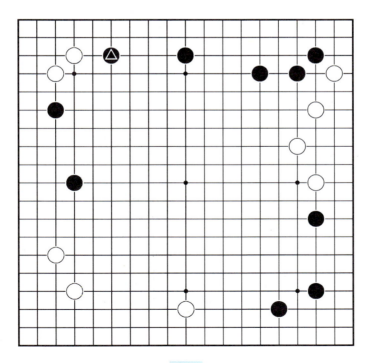

图1

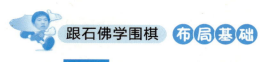

图2 完全被封

白1守角，局部虽然很大，但不是全局的焦点所在。黑2在左上角封锁十分严厉，同时黑棋还可实现左边与上边的联络，具有很大的潜在价值。

以后黑棋还有 A 和 B 位影响白棋角地死活的绝对先手官子。

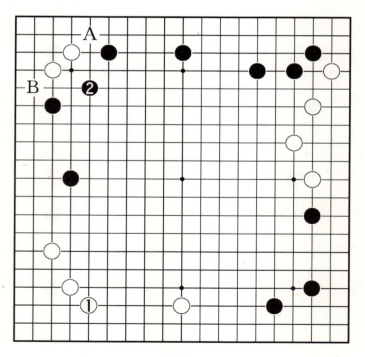

图2

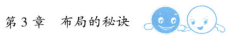

图 3　中腹出头

白 1 向中腹出头是绝对点，以后白棋可以考虑 A 位的打入和攻击左边黑⬛。

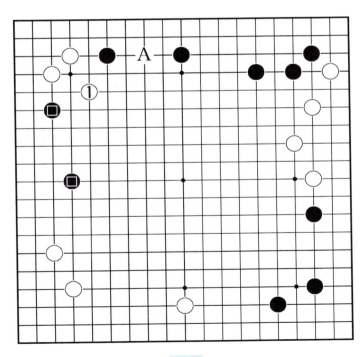

图 3

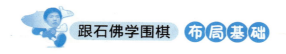

12. 遇强则避

图 *1*　避免硬碰硬

　　过于接近对方强大的外势，容易遭到对方的反击，从而使自己受到伤害，因此在遇到这样的情况时，一定要避免硬碰硬。

　　图中白棋在左下角已形成了强大的外势，黑棋如何下才能有效地牵制白棋的外势？

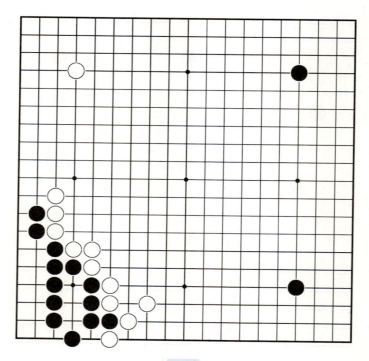

图 1

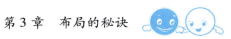

图 2　温和的牵制

黑 1 缔角并牵制白棋是一石二鸟的好点，面对强大的白棋外势，黑棋温和地进行牵制是最理想的下法，以后如果白 A 拆，白棋的棋形重复，白棋反而感到委屈。

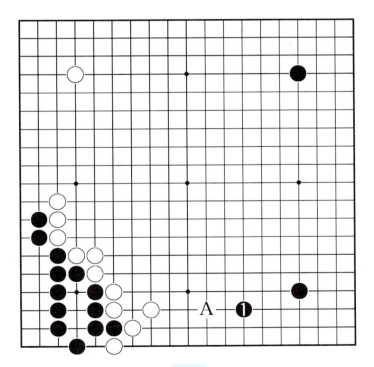

图 2

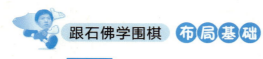

图 3 面临苦战

本图中黑1展开过于靠近白棋的外势，白2以强大的外势为后援强行攻击后，黑棋面临苦战。假如黑棋按照常识于黑3补棋，下至白8镇后，黑棋十分危险。黑3如果下在8位跳，右下角白棋下在3位双飞燕夹攻，黑棋同样痛苦。

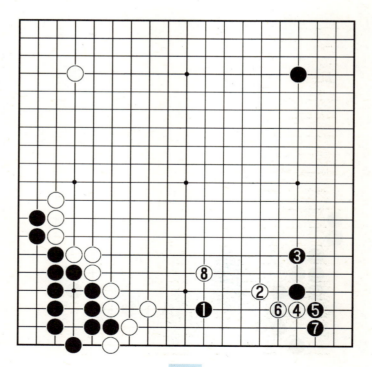

图3

第4章

布局实战测验

问题图1–问题图10

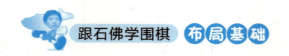

解题可培养布局感觉

在学习了布局的基础知识之后，现在进行布局的实战训练。本章摘选了实战中经常出现的比较简单的布局棋形让大家练习，通过问答的形式，以培养大家布局的实战感觉。

每一个问题有 A、B、C 三个答案，请大家将正确答案标示出来，总共 10 题，每题 10 分，满分为 100 分。

◆布局实力测试得分表◆

100 分	2 级以上	布局感觉很好，具有 1 级的能力
90 分以上	3 级	布局实力接近完美
80 分以上	4 级	实地感觉很好，大局观要加强
70 分以上	5—6 级	已具备一定的掌控全局的能力
60 分以上	7—8 级	不要偏于局部，要有全局眼光
50 分以上	9 级	还须进一步理解布局的重要性
50 分以下	10 级以下	从头开始学习本书

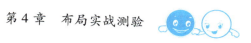

问题图 1

黑先

　　黑棋的下一手进行不一定占大场，但一定要具有战略价值，请问黑棋正确的下法是什么？

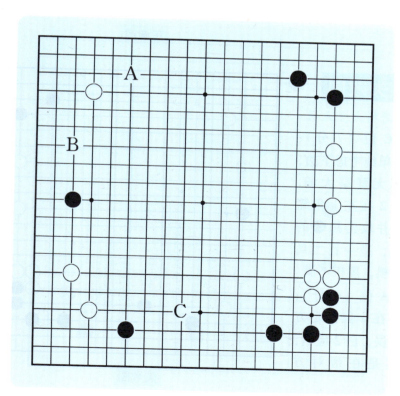

正解图

根地的要所

B 位（10 分）：黑 1 搜白棋的根，同时扩张右边的黑棋是攻守的要所。

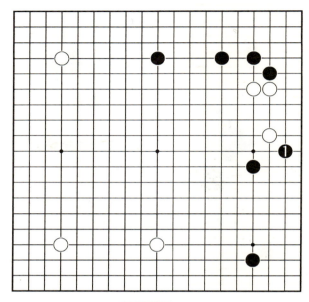

正解图

失败图

闲棋

C 位（7 分）：黑 1 方向虽然正确，却是大缓着，白 2 生根后，黑棋实地被破，结果是白棋布局有利。

A 位（4 分）：黑 a 分投是闲棋，现在局面的焦点在右边。

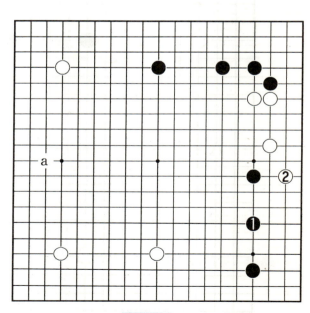

失败图

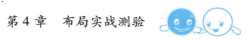

问题图 1

黑先

黑棋的下一手进行不一定占大场，但一定要具有战略价值，请问黑棋正确的下法是什么？

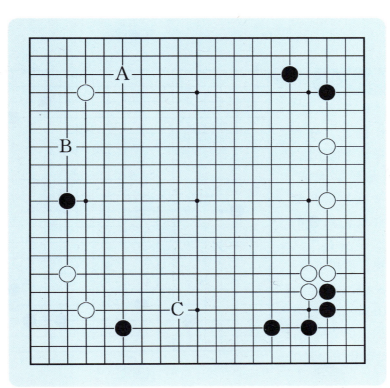

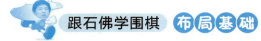
正解图

根地的绝对点

B 位（10 分）：黑 1 拆二是不可或缺的绝对点，黑▲由此可以安定，同时黑 1 还有挂左上角的作用，是一举两得的好手。

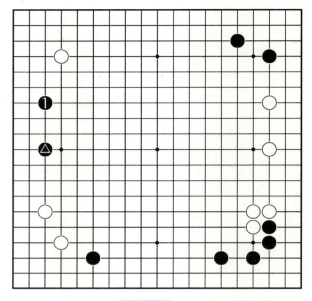

正解图

失败图

急所大于大场

C 位（7 分）：如果单纯考虑下边，黑 1 无疑是大场，但白 2 在左上角缔角，并攻击黑▲的根地，是一石二鸟的好棋，黑棋不满。

A 位（4 分）：黑棋在 a 位挂是方向错误，白 2 应后，黑棋是在帮对方下棋。

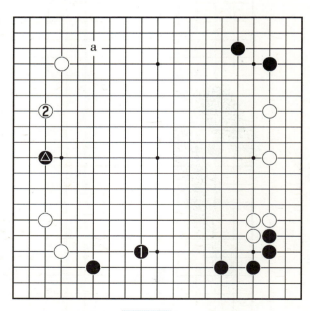

失败图

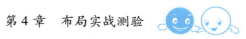

问题图 2

黑先

　　黑棋可以选择的下法很多，但正确的下法只有一处，请问黑棋应如何下？

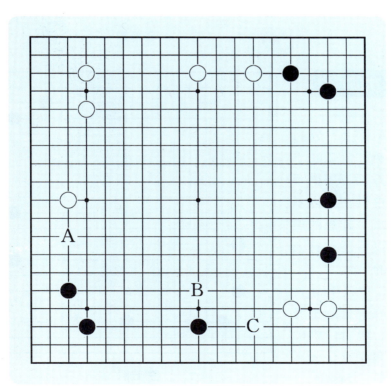

正解图

严厉的逼攻

C 位（10 分）：黑 1 拆二并逼攻是绝好点，白 2 必补，黑 3 展开后，黑棋好调。白 2 如果脱先，黑 a 飞后，白棋不仅实地被破，而且白△的根地也十分危险，白棋不能忍受。

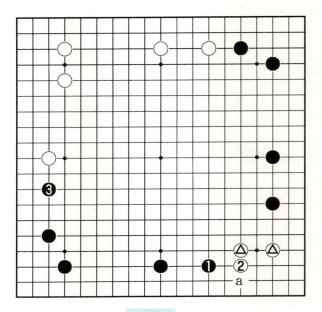

正解图

失败图

方向错误

A 位（7 分）：黑 1 拆，白 2 在下边逼攻后，黑棋不好。白棋在下边不仅下成了理想的棋形，以后还有打入黑棋的手段。

C 位（4 分）：黑棋在 a 位跳本身很好，但对白棋的右下角没有任何影响，是一手闲棋。

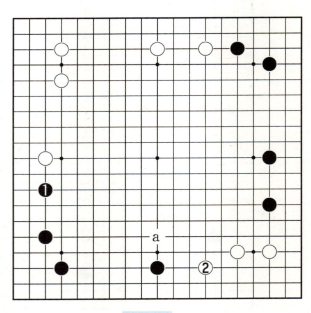

失败图

192

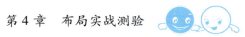

问题图 3

黑先

黑棋可以主导局面的绝好点是什么？

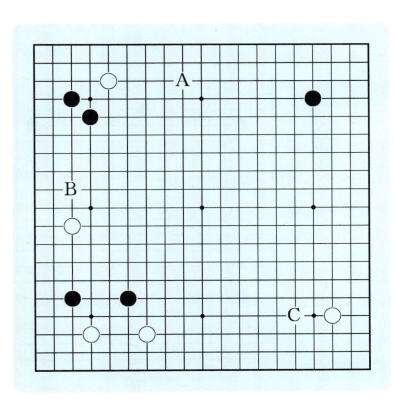

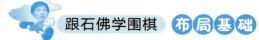
正解图

攻守的要点

B 位（10 分）：黑 1 是扩张实地和攻击白△的一石二鸟的好棋，黑△也可依赖强大的外势活棋。

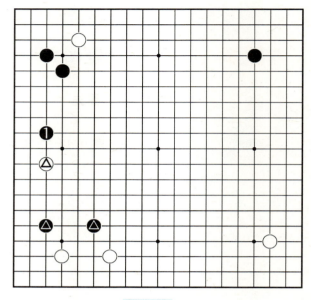

正解图

失败图

有得有失

A 位（7 分）：黑 1 夹攻白△虽是好棋，但白 2 拆后，角上黑棋两子不舒服。以后黑棋在角上于黑 b 封时，白 c 可以活棋。

C 位（4 分）：黑棋在 a 位挂角不是局面的焦点，并且是方向错误。

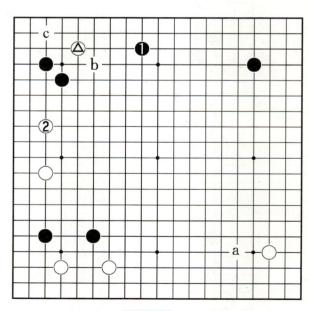

失败图

194

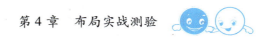

问题图 4

黑先

　　黑棋攻守的要点是什么？黑棋位置的选择十分重要。

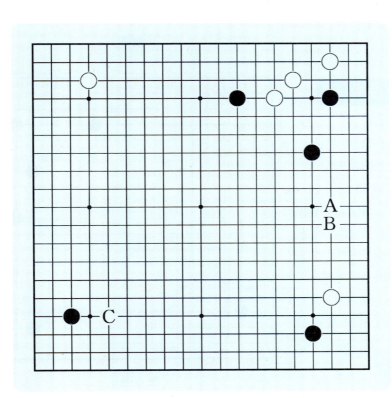

正解图

攻守兼备

B 位（10 分）：
黑 1 是右边展开和
攻击白△的好棋，
黑棋布局效率高。

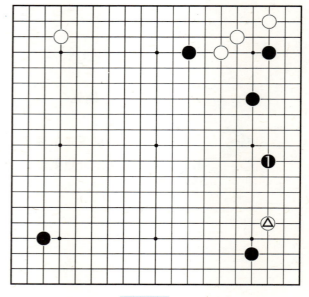

正解图

失败图

缓着

A 位（7 分）：
黑 1 方向虽然正确，
但位置错误，白 2
拆二安定后，黑棋
失算。在自己有利
的环境下一定要采
取更积极的姿态。

C 位（4 分）：
黑 a 挂角虽然本身
很大，但不是问题
的焦点。

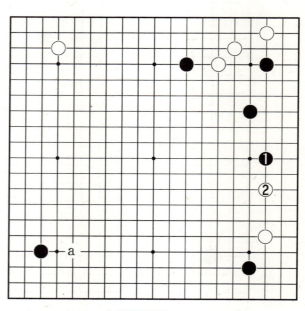

失败图

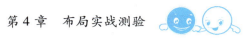

问题图 5

白先

图中黑白双方必争的要点是什么?

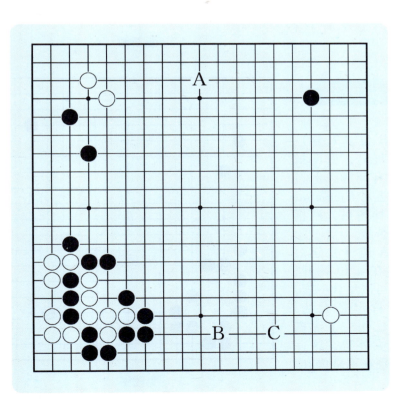

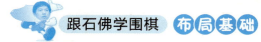

跟石佛学围棋 布局基础

正解图

双方的要所

C 位（10 分）：
白 1 是双方争夺的
要所，白棋不仅可
以缔角，同时还可
限制左下黑棋外势
的发展。

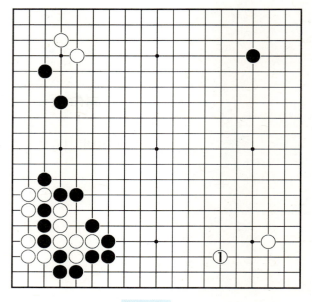

正解图

失败图

过于接近强势

B 位（7 分）：
白 1 展开，方向虽
然没有问题，但过
于接近对方的强势，
黑 2 挂角后，白棋
面临苦战。

A 位（4 分）：
白棋在 a 位展开，
由于可以见合中腹，
本身肯定是大场，
但考虑到左下黑棋
的强大外势，这一
位置现在不是焦点。

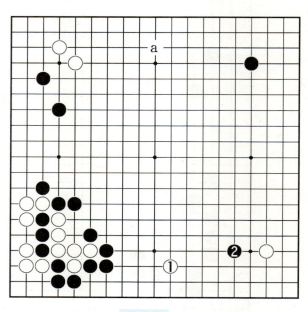

失败图

198

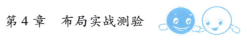

问题图6

黑先

黑棋如何才能使左下角的外势价值最大化，黑棋大势上的要点是什么？

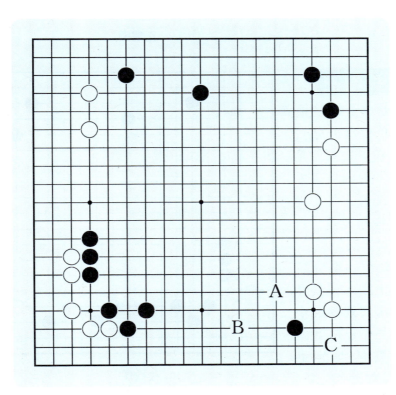

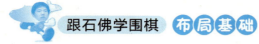
正解图

大势上的要点

A 位 （10 分）：黑 1 飞出是具有霸气的一着棋，由此可以 120% 发挥左下角强大外势的价值，并在下边构筑理想的棋形。

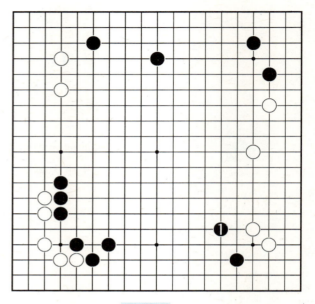

正解图

失败图

棋形重复

B 位 （7 分）：黑 1 在下边拆，是过于考虑到棋子安定的缓着，白 2 则是大势的要点，白棋布局活跃。

C 位 （4 分）：黑棋下在 a 位是过于追求实地的因小失大之举，白 b 封后，黑棋大势上落后。

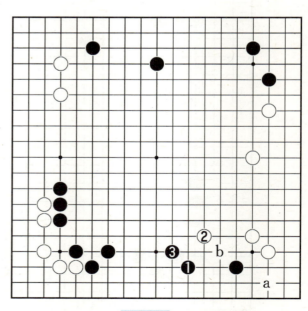

失败图

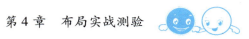

问题图 7

黑先

如果让对方抢占了这一要所，黑棋形势十分危险，请问黑棋如何抢占这一要点？

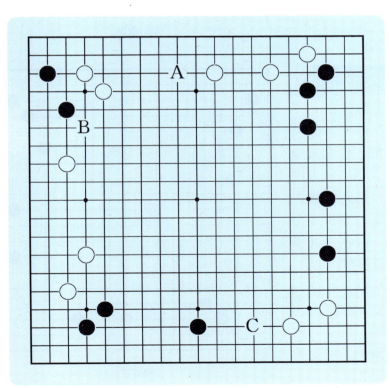

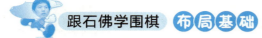
正解图

快速出头

B 位（10 分）：黑 1 快速出头是绝对点，以后黑棋可以见合 a 和 b 位，黑棋好下。

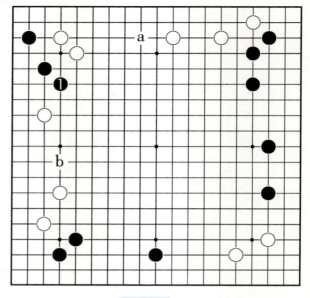

正解图

失败图

黑棋被封

C 位（7 分）：黑 1 拆，是无可争议的大场，但方向错误，白 2 封锁左上角后，黑棋十分痛苦。白棋由此全局变得很厚。

A 位（4 分）：黑棋在 a 位打入为时尚早，白 2 封锁左上角后，左上角黑棋受攻。

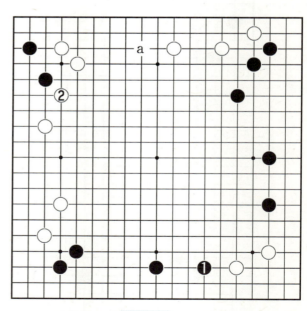

失败图

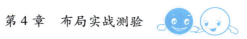

问题图8

白先

黑▲在下边展开是黑棋的贪心，此时白棋追击黑棋的策略是什么？

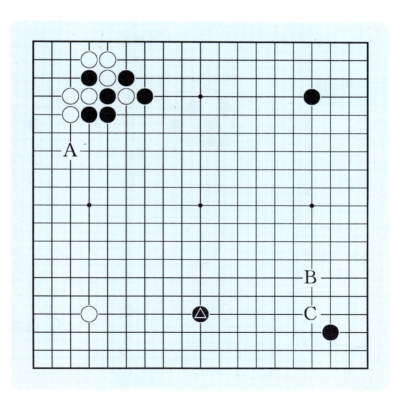

正解图

具有策略的下法

C 位（10 分）：白1肩冲是十分严厉的急所，也是为白 a 引征，现在黑棋反而不好下。

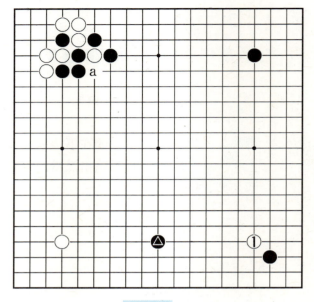

正解图

失败图

缓着

B 位（7 分）：白1引征，本身虽然没有问题，却是缓着，因为对角上黑 ■ 压迫感不强，黑2可以解除征子。因此引征时一定要用强力手段。

A 位（4 分）：黑棋下在 a 位虽然是定式进行，但现在是闲棋。

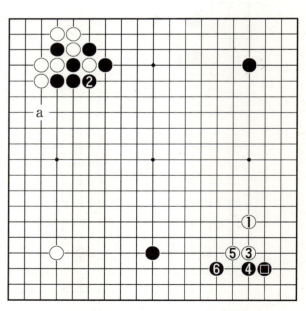

失败图

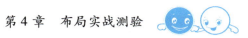

问题图 9

黑先

黑棋掌握局面主动权的一手棋是什么?

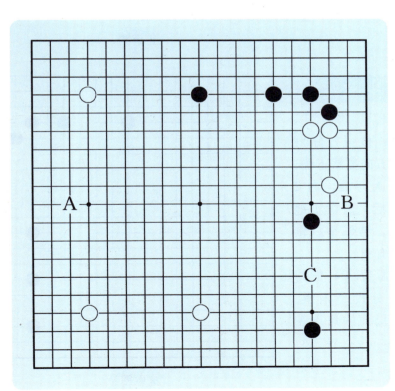

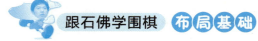

正解图

根地的要所

B 位（10 分）：
黑 1 搜白棋的根，
同时扩张右边的黑
棋是攻守的要所。

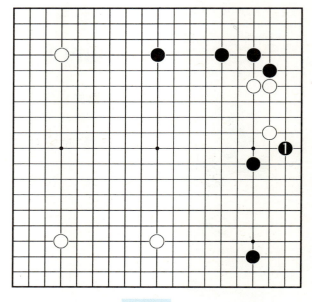

正解图

失败图

闲棋

C 位（7 分）：
黑 1 方向虽然正确，
却是大缓着，白 2
生根后，黑棋实地
被破，结果是白棋
布局有利。

A 位（4 分）：
黑 a 分投是闲棋，
现在局面的焦点在
右边。

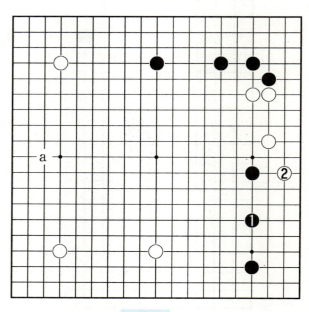

失败图

206

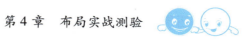

问题图 10

白先

图中白棋不可或缺的大势急所是什么？白棋应如何选择？

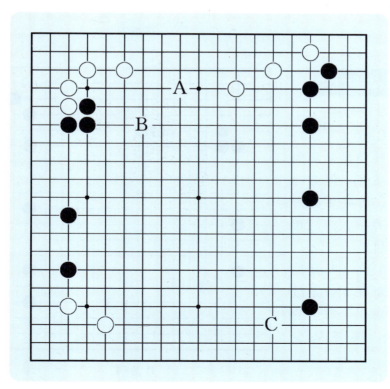

正解图

白棋的急所

B 位（10 分）：白 1 是大势上的急所，左边黑棋由此变薄，并有 a 位的弱点，而上边的白棋与白△形成有机配合，白棋的效率很高。

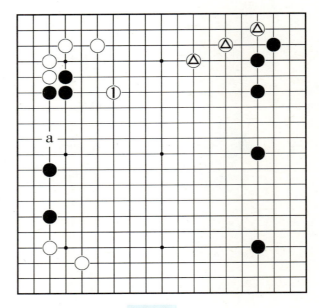

正解图

失败图

方向错误

C 位（7 分）：白 1 挂角虽是局面上的大场，但方向不对，黑 4、8 抢占大势点后，白棋布局落后。

A 位（4 分）：白棋下在 5 位是过于考虑棋子安全的下法，明显缺少霸气。

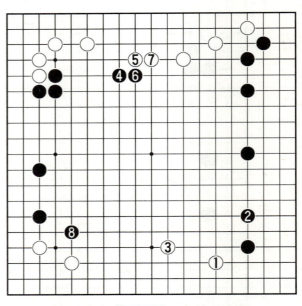

失败图

第5章

典型布局10型

第1型–第10型

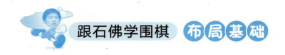
体验学习实战布局

本章中精选了 10 型实战中的典型布局，其中星布局 3 种，小目布局 3 种，星小目平行型布局 4 种。

希望大家通过对这 10 型布局进程的体验，进一步增加布局的感觉。

第 1 型

黑 1、3、5 的三连星布局是代表性的取外势布局，特别是业余棋手最喜欢使用。

这一布局的关键是构筑以边和中腹为中心的大模样，从黑 7、9、13 等几乎全部集中在四路就可见其意图所在，白棋同样是以取外势相应，一系列作战也都是围绕外势展开。

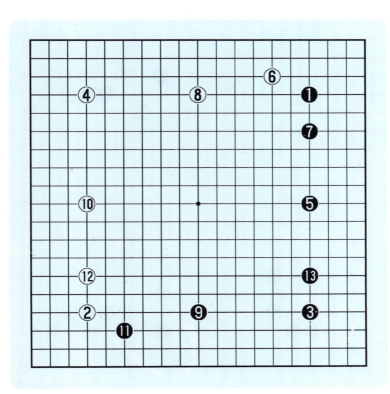

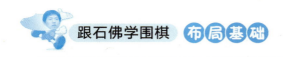

第 2 型

星布局 2——三连星 + 夹攻

本型布局与第 1 型相比，黑棋取外势的意图更为明显。白 6、14 挂角时，黑棋积极夹攻，让白棋得角地，意图就是构筑外势。进行至黑 13，黑棋在右边和中腹所筑成的外势已具相当威力。

黑棋需要注意的是不能过于偏重右边。

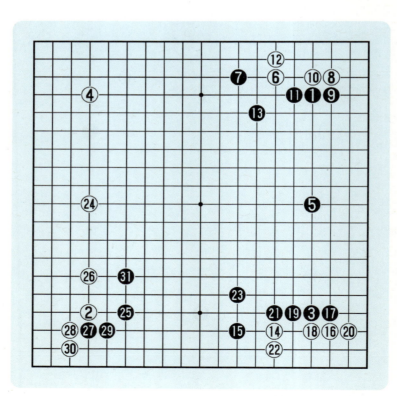

第 3 型

星布局 3——二连星

　　星布局不是只有三连星布局，黑 1、3 构筑二连星后，黑 5 挂角也是星布局的特征，是追求速度的有力手法。

　　经过一系列熟悉的定式进行后，下至黑 15，形成了黑棋外势对白棋实地的局面。白 22 高挂，是意识到黑棋外势的应变下法。白 28 是双方势力的要冲，是大势点。

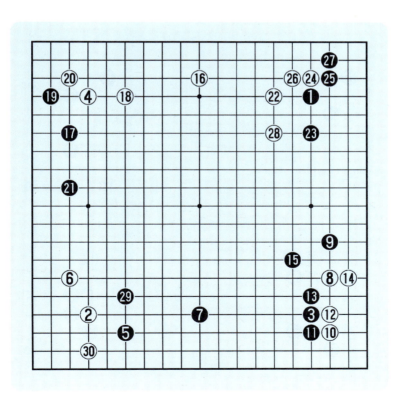

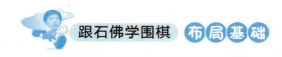

第 4 型

小目布局1——实地、坚实

小目布局一般偏重于取实地，黑1、3、5是取实地的最坚实下法，以下进行至白14，黑棋得到了两个角的实地，而白棋则得到了边和中腹的外势。黑15和黑21挂角时，白棋采取夹攻的下法，相应的定式出现了。

在小目布局中，因挂角而引起的定式变化占有相当大的比重。

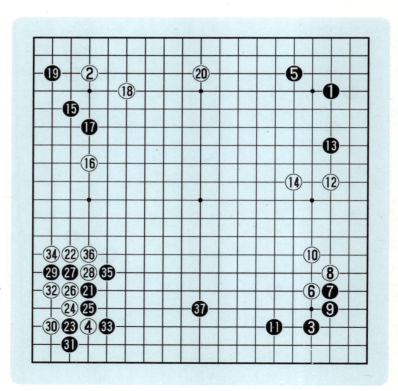

第 5 型

小目布局 2——对角线

黑 3 是对角线布局中常见的下法，对角线布局因双方的棋子相互分离配置，因而很可能下成作战型棋形。

黑 7 夹攻后，黑 9 拆，此时白 10 反夹，双方由此展开了复杂的战斗，这是小目布局中最普遍的进行。

喜欢作战的棋手会经常使用对角线布局。

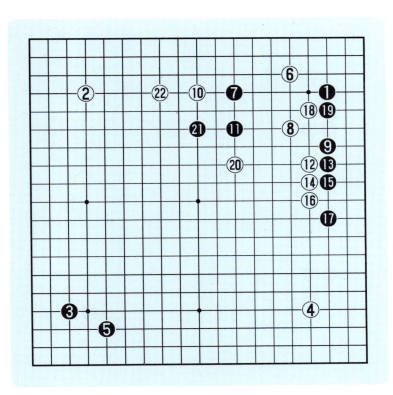

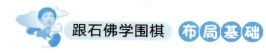

跟石佛学围棋 **布局基础**

第 6 型

小目布局3——相小目

以白棋的立场来看布局方法，图中白2、4的布局就是相小目布局。

这一布局的特点就是相当重视实地，即白6和白10的定式选择。白棋是先占取角地，然后再视对方的态度处理中腹。

但是让对方在中腹下成好模样也是白棋的担忧。

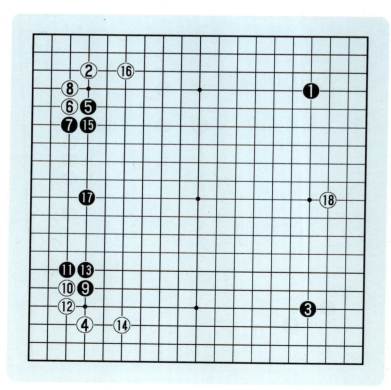

216

第 7 型

星小目平行型布局 1——小目缔角

星小目平行布局是实地和外势兼顾的中庸性布局。其中黑 1 占星位，其后黑 3、5 小目缔角是最坚实的下法，此时白 6 分投是大势的急所。

黑 7 逼攻是利用右下角缔角谋求发展的绝好点，白 8 至黑 15 是定式化的进行。

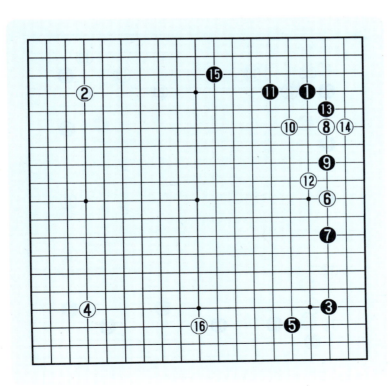